PALLA AL CENTRO

MATTEO RENZI

PALLA AL CENTRO

La politica al tempo delle influencer

PIEMME

Pubblicato per

PIEMME

da Mondadori Libri S.p.A.

ISBN 978-88-566-9462-8

I Edizione febbraio 2024

Anno 2024-2025-2026 – Edizione 2 3 4 5 6 7 8 9 10

A Claudia, che ci ha lasciato col sorriso, ma è sempre con noi. E che continueremo a ricordare bella, forte e viva come dal palco della Leopolda.

1
POLITICI, FATE SCHIFO

> «Il trionfo della demagogia è momentaneo, ma le rovine sono eterne.»
>
> CHARLES PEGUY

È il 6 luglio del 2021. Il cellulare inizia a lampeggiare. Ricevo preoccupati WhatsApp: *Matteo, ma che hai fatto?* Non capisco. La posta elettronica si intasa: centinaia di persone vogliono sapere, vogliono capire, vogliono spiegazioni. Altri, più semplicemente, mi insultano. E mi ripetono: *Ha ragione lei, fai schifo.*

Che io non sia Leonardo DiCaprio mi pare un dato incontrovertibile. Come è nota la mia sufficiente autostima che mi fa comunque andare avanti con una certa serenità nella vita. Dunque potrò anche fare schifo, ma non capisco il perché.

Dopo qualche minuto e un'altra sventagliata di messaggi finalmente capisco. Chiara Ferragni, una delle più importanti influencer a livello mondiale, ha pubblicato una storia su Instagram vista da qualche milione di persone in cui accusa la classe politica di avere affossato il disegno di legge contro l'omotransfobia. E anziché mettere una foto a caso, Chiara Ferragni mette la mia faccia con scritto «Politici fate schifo».

La strategia dell'influencer lombarda allora era molto chiara. Aveva bisogno di mostrare il suo impegno civico. E cosa c'è di meglio di una bella battaglia sui diritti?

Perché – come noto – le battaglie sui diritti piacciono a tutti. Quando ti metti a fare le battaglie sui doveri, ecco, è lì che resti solo. Ma questa è un'altra storia, torniamo ai diritti. In parlamento era in discussione un disegno di legge sull'omotransfobia, ma i numeri parlamentari non c'erano. Era evidente a tutti gli addetti ai lavori che andando al muro contro muro in Aula, il disegno di legge sarebbe stato bocciato. E allora noi avevamo proposto una mediazione di buon senso, un compromesso, preparato insieme al mio amico Ivan Scalfarotto. Chi fa politica deve saper trovare un compromesso, anche se perde qualche «like», qualche «mi piace». L'obiettivo è portare la legge a casa, non portare il tweet in *topic trends* o far diventare virale il *reel*.

In quel momento mi appare chiaro che se la Ferragni punta a darsi un tono mostrandosi capace di discutere di politica, in realtà la grande maggioranza dei politici, ormai, punta a fare l'influencer anziché lo statista.

Tutti a fare le storie su Instagram, nessuno che punta a fare la storia.

E la colpa non è delle influencer, sia chiaro: la colpa è della politica.

Mi è tornato in mente l'episodio del «politici fate schifo» quando Chiara Ferragni è diventata – suo malgrado – la protagonista della polemica più calda del Natale 2023. Il fatto è tanto semplice quanto eticamente discutibile: l'Autorità per le garanzie nelle comunicazioni ha sanzionato l'influencer e un'azienda di pandori che l'aveva ingaggiata per una campagna pubblicitaria perché il messaggio veicolato negli spot era un messaggio ingannevole. Avrei potuto rendere alla Ferragni pan per focaccia, pur essendo paradossalmente molto più debole di lei che ha cento volte i miei follower su Instagram. Avrei potuto raccontare quanto fosse stato assurdo attaccare proprio me sui diritti essendo il mio governo l'unico ad aver fatto qualcosa di serio sulle unioni civili. E pochi ricordano che quando l'ho fatto, ho messo la fiducia, rischiando anche allora il posto e la carriera. Ma l'ho fatto perché ci credevo e ci credo. E penso che i fatti ci abbiano dato ragione, il tempo è davvero galantuomo. Se avessi postato l'immagine del 2021 e poi la foto del Pandoro-gate, domandando: «Ehi, Chiara: chi è che fa schifo?», tutti i media avrebbero ripreso la mia uscita. Avrei fatto il boom di visualizzazioni, avrei ottenuto migliaia di commenti, i miei profili avrebbero avuto un aumento di popolarità pazzesca.

Mi sarei preso una piccola rivincita, ma soprattutto mi sarei preso una bella visibilità, che in tempi di campagna elettorale non fa mai male. Eppure non l'ho fatto. E non lo farò in futuro quando dovessero presentarsi occasioni simili. Perché?

Perché io sono orgogliosamente un politico, non un influencer.

Questo non significa che io non cerchi di utilizzare al meglio i media, i social, la comunicazione. E, anzi, in questo campo sono stato un pioniere in passato e tornerò a esserlo in futuro. Perché la comunicazione è importante, fondamentale, decisiva. Ma non mi trasformo in un influencer che si ingarella con un'altra influencer. Il mio livello è la politica. Se Chiara Ferragni vuole fare un dibattito sulle unioni civili, l'omotransfobia, il Pil, l'Europa, l'intelligenza artificiale, il lavoro, l'ambiente, il rapporto tra identità culturale e realtà virtuale, io ci sono. Sono pronto a confrontarmi con gli influencer, gli studiosi, i colleghi degli altri partiti, la società civile. E penso di avere qualcosa da dire e molto da imparare: ci sono. Ma se devo replicare alla Ferragni solo perché la vedo debole, solo perché per la prima volta è in difficoltà, beh, io non sono fatto così.

Chi invece ha attaccato Chiara Ferragni è stata Giorgia Meloni. Attacco secco, diretto, implacabile dal palco di Atreju – la festa nazionale di Fratelli d'Italia – con la presidente del Consiglio dei ministri che non spiega i fallimenti sul Mes, su Expo 2030, sulla Banca Europea degli Investimenti, ma attacca quella che ritiene la sua avversaria più pericolosa: Chiara Ferragni.

Qualcuno storcerà il naso: ma dai, come si fa a definire un'influencer l'avversaria più pericolosa della presidente del Consiglio in carica? Lo so, può apparire una provocazione. Anche perché sostenere una tesi del genere significa affermare due concetti molto duri: il primo è che l'opposizione politica è inconcludente e incapace. Perché se l'unica opposizione è quella di un'influencer significa che i partiti che contrastano la maggioranza in parlamento stanno fallendo. È esattamente quello che penso e su cui torneremo nei prossimi capitoli. Schlein e Conte sono gli avversari ideali di Giorgia Meloni, che andrebbe incalzata sul profilo pragmatico e di sostanza, non su quello ideologico e filosofico. Così facendo si capirebbe che la nostra attuale presidente del Consiglio è totalmente inadatta al governo. Straordinaria nella narrazione di sé stessa e della propria immagine, ma totalmente incapace di far cambiare passo a una delle più importanti democrazie del mondo.

Giorgia Meloni – questo è il secondo concetto – è lei stessa, per prima, un'influencer. È un'influencer persino più brava di Chiara Ferragni. È straordinaria nella comunicazione, perfetta nelle pause, abilissima nella scrittura dei post sia quando augura buon Natale agli italiani sia quando molla il padre di sua figlia con un tweet (scritto, ammettiamolo, in modo perfetto). Giorgia Meloni riesce anche – con un'abilità che va riconosciuta – a difendere una squadra di collaboratori che definire imbarazzante è riduttivo: deputati che organizzano sparatorie a Capodanno come nemmeno nelle serie tv, cognati che fermano i treni e raddoppiano le spese degli staff mentre tagliano sui fondi per l'anoressia o aumentano l'Iva sui prodotti per bambini, parlamentari che si travestono spaziando con fantasia e creatività tra i gerarchi nazisti e Minnie. Questa è la classe dirigente che l'influencer in capo protegge, sostiene, valorizza giorno dopo giorno.

E perché, se questa è la realtà, Giorgia Meloni è ancora così forte nei sondaggi, dicono in tanti?

Perché è un'influencer, per l'appunto. Perché dice quello che la gente vuole sentirsi dire e non quello che serve.

Non a caso cambia idea su tutto.

Tutti i politici vengono accusati di aver cambiato idea, io per primo. In quanti mi dicono: ma tu non dovevi lasciare la politica dopo il referendum che hai perso? L'avevi detto. Sì, l'avevo detto. Come l'avevano detto Berlusconi, Beppe Grillo, Giuseppe Conte e tanti altri. Poi gli elettori mi hanno dato il voto e ho ricominciato dopo aver lasciato Palazzo Chigi. Però nel ripartire non ho cambiato idea sui singoli provvedimenti. Ho mantenuto la mia coerenza sulle idee di fondo: sul lavoro, sulla cultura, sull'innovazione, sul sociale e sul terzo settore, sull'ambiente.

Giorgia Meloni ha cambiato idea su tutto e riesce in modo strabiliante – sia detto con ammirazione e senza invidia – a farsi percepire come persona coerente.

Giorgia voleva uscire dall'euro. Gliel'ho detto in Senato e lei mi ha detto: «Non ricordo di averlo detto». Non ricorda, ma che strano. Eppure lo urlava dal palco di Roma quando gridava nel 2014: «Lo diciamo alla sorda Germania: L'Italia deve uscire dall'Euro». Meno male che la Germania era sorda, così non ha sentito quegli strilli. E nessuno chiede conto delle follie antieuro. Se uscissimo domattina dall'euro il Paese salterebbe in aria e in meno di due mesi non ci sarebbero i soldi per pagare gli stipendi degli insegnanti, degli infermieri, dei dipendenti pubblici.

Giorgia era contro la Nato, ammirava Putin, voleva bloccare le trivelle dicendo che io ero schiavo delle lobby del gas, attaccava gli 80 euro, chiedeva di chiudere i porti e far affogare i migranti: sono tutte dichiarazioni pubbliche.

Oggi Giorgia è per la Nato, attacca Putin, vota per aumentare le estrazioni e ha confermato all'Eni lo stesso amministratore delegato che avevo messo io, ha scopiazzato gli 80 euro, ha visto aumentare gli sbarchi del 50% e accogliere – giustamente – i migranti: Giorgia Meloni è una contraddizione ambulante.

Eppure passa per essere una persona coerente. Perché? Perché utilizza le corde della comunicazione da influencer, non da statista. Perché è brava a mettersi in scia degli umori della gente. Perché sa influenzare il dibattito e dettare l'agenda dicendo ciò che molti cittadini vogliono sentirsi dire. Un esempio tra i mille che si possono fare: autunno 2023, è il giorno in cui si deve presentare l'aggiornamento della Nadef, cioè il documento più importante, quello che costituisce il perimetro per la costruzione della legge di bilancio, e la nostra presidente del Consiglio evita le domande della conferenza stampa e dei giornalisti, tuttavia verga un lungo e appassionato post sull'ultimo spot dell'Esselunga, quello della pesca e del rapporto tra due genitori separati con la propria figlia. E perché? Perché quello spot è geniale, perché sempre più coppie si lasciano, perché il tema delle emozioni dei figli è la priorità di tutti noi. E quindi stare mediaticamente sullo spot dell'Esselunga, mettersi in sintonia con la cittadinanza, mostrare empatia è un grande asset per chi ha milioni di follower nelle varie piattaforme: sei una persona come le altre, pensando ai problemi di tutti. Ma il punto è lì: tu non sei una persona come le altre. Puoi sforzarti di fare tutto quello che vuoi, puoi sembrare una persona come le altre, ma quando sei a Palazzo Chigi e governi una delle economie più importanti del mondo non ti è concesso di scappare dai numeri del bilancio per postare un pensierino affettuoso e ben scritto.

È un crimine? No, ma come diceva il cardinale Talleyrand: «Non è un crimine, ma è peggio: è un errore».

E io so bene che queste parole possono paradossalmente portare altri punti a Giorgia Meloni e alienare da me ulteriori simpatie. Ah, come sei rigido: in fondo, scrivendo ciò che ha provato quando ha visto lo spot dell'Esselunga, la premier si è mostrata umana. Simpatica.

Certo, è così. Ma questo libro nasce per dire che non sappiamo che farcene dei politici simpatici se quegli stessi politici non cambiano le cose, non sanno fare la differenza, non individuano un modo per impattare sulla realtà. È la politica, questa, non è il live show del sabato sera.

La tesi di queste pagine è che l'Italia ha un disperato bisogno di politici che facciano politica. Stiamo vivendo un impressionante e affascinante periodo di trasformazioni. Carico di tensioni e problemi, naturalmente, ma ricco di opportunità se proviamo a costruire una visione di lungo termine. E invece siamo pieni di politici che scimmiottano le influencer. E gli influencer. E così i problemi non si risolvono, ma si rimandano. O – quando va male – si peggiora la situazione omettendo di intervenire o intervenendo con visioni di breve profilo.

Il pandoro di Chiara Ferragni non mi interessa. E la verità è che non mi interessa nemmeno la pesca di Giorgia Meloni. Mi interesserebbe confrontarmi sul lavoro che cambia, sulla sanità che deve essere rivoluzionata, sulla fame di vita dei ragazzi e sui loro disturbi alimentari, sul fatto che ogni anno l'aspettativa di vita cresce di tre mesi. E questo significa che stiamo diventando tutti molto più vecchi di quello che pensavamo possibile. Ma è una bellissima notizia, perbacco! E allora se diventiamo più vecchi abbiamo una fascia di persone che vanno dai 65 anni agli 80 anni che in media stanno bene, benissimo. Una fascia di persone di cui non parla nessuno. Sono le colonne della nostra società: perché la politica non li coinvolge? E ancora: i sussidi, il terzo settore, l'ambiente e la sostenibilità. La visione del mondo. Io su questo vorrei ingaggiare un dibattito alto, con Giorgia Meloni e con tutti i leader. Vorrei sentire la premier discutere di intelligenza artificiale, non di stupidità naturale, quale quella che anima la reazione al post del momento.

E invece paradossalmente abbiamo la premier che attacca l'influencer, la stessa influencer che aveva massacrato la mia immagine esponendo la mia faccia ai commenti di milioni di ragazzini con la scritta: «Politici, fate schifo». Chissà se Chiara Ferragni ha mai pensato a ciò che sarebbe accaduto dopo il suo post sul mio profilo Instagram. Quanti insulti, quanto odio, quanta inutile violenza verbale. Ma io faccio politica e metto in conto tutto, gli attacchi ricevuti dopo la storia pubblicata da Chiara Ferragni non mi hanno scalfito. In questi anni sono stato aggredito via social persino da *bot* organizzati e gestiti in Paesi stranieri. Ho avuto aggressioni giudiziarie, abbandoni da persone che hanno avuto tutto da me, campagne di comunicazione mirate, segreti di Stato gestiti con superficialità impressionante pur di andare contro di me, indagini penali poi sconfessate da Corte Costituzionale e Corte di Cassazione. Secondo voi, con questo curriculum di tutto rispetto, mi faccio impressionare da un post della Ferragni o da qualche commento negativo? Peraltro su un tema per cui sono tra i pochi a poter andare orgoglioso a testa alta per quello che ho fatto.

Ovviamente no. Arrivo a dire una cosa che forse vi stupirà. Io, che ho subito sulla mia pelle il metodo Ferragni, oggi tendo persino a solidarizzare con chi la accusa sul piano personale. È questo modo di vivere per cui si segue la folla: se la folla è aizzata da Ferragni contro Renzi, tutti con Ferragni; se è aizzata da Meloni contro Ferragni, tutti con Meloni. Le vicende giudiziarie ed economiche di Chiara Ferragni non mi interessano minimamente.

Troppe volte ho visto personaggi pronti a criticare con arroganza persone che fino al giorno prima adulavano senza pudore. È per questo che non mi concentro sul pandoro o sull'attico della coppia Fedez-Ferragni a CityLife. Ognuno viva come crede. Ma contesto Giorgia Meloni e il suo modo di concepire la politica, Elly Schlein e il suo modo di concepire l'opposizione, Giuseppe Conte che del cambiare idea, schieramento, casacca ha fatto uno stile di vita, come dimostra l'incredibile foto in cui è prima con Salvini a chiudere i porti e poi con il Pd a dire il contrario.

Penso che l'unico modo per ricominciare a giocare sul serio sia rimettere la palla al centro, sotto tutti i punti di vista, e spiegare perché servono politici e non influencer. E cosa devono fare questi politici. E come conciliare il sacrosanto bisogno di consenso elettorale e di voto popolare con la necessità di un programma di lungo periodo.

Perché noi parliamo di pandori, ma fuori di qui il mondo corre: intelligenza artificiale, biotecnologie, conquista dello spazio e delle risorse sottomarine, sostenibilità e innovazione.

Rimettere la palla al centro significa tante cose. Significa ripartire dopo un gol segnato o subito. Iniziare il secondo tempo. Riorganizzare la squadra e il gioco. In politica significa anche trovare una terza via tra i populisti del sovranismo come Meloni e Salvini e i populisti della sinistra grillizzata come Schlein e Conte.

Perché il centro è il luogo del futuro, non del passato.

È il luogo del riformismo, non del populismo.

È lo spazio abitato dai politici e non dagli influencer.

2
INFLUENCER

«Il partito dei mammuth aveva fede nell'identità di specie ed ora sono elefanti.»

PINGUINI TATTICI NUCLEARI

Il vero capolavoro di Giorgia Meloni non è stato vincere le elezioni.

Quello non si chiama capolavoro: si chiama autogol degli avversari. E il merito è tutto di Enrico Letta, che è riuscito nel capolavoro di vivisezionare l'opposizione mettendo veti e paletti e finendo con il consegnare una stabile maggioranza alla sua amica Giorgia. Inutile fare i finti moralisti: la tattica in politica è cruciale. Guardate Pedro Sanchez, in Spagna: utilizzando in modo machiavellico le norme costituzionali e le regole parlamentari è riuscito nell'impresa di ottenere di nuovo il governo del Paese pur avendo preso meno voti del Partito popolare. Letta invece ha mostrato l'abilità inversa consegnando a Meloni, con il suo 26%, una maggioranza schiacciante. Non è colpa del destino, ma dell'incapacità. Non si chiama sfortuna, si chiama dilettantismo.

E allora qual è il capolavoro di Giorgia?

Quello di aver costruito un'immagine come *underdog* che non corrisponde al vero. Non è vero che lei sia quella che da sempre è fuori dal giro, sottostimata, isolata da tutti e non aiutata da nessuno. Anzi, è vero esattamente il contrario.

Giorgia Meloni ha messo le sue indubbie capacità a servizio di una squadra che l'ha sostenuta, coccolata, aiutata dal primo giorno. Giorgia Meloni è parlamentare alla quinta legislatura. Ha già votato per l'elezione di quattro presidenti della Repubblica, cosa che hanno fatto in pochissimi nella storia italiana. È stata la ministra più giovane della storia repubblicana grazie a Silvio Berlusconi. È stata la vicepresidente della Camera più giovane della storia repubblicana grazie a Gianfranco Fini, fino all'avvento di Luigi Di Maio che l'ha spodestata in questo ruolo grazie a Beppe Grillo. Questi fingono di essersi costruiti da soli, ma sono in realtà pupilli di leader che poi generalmente abbandonano.

E Giorgia non è una paladina antisistema, il sistema la porta nei palazzi fin da giovanissima.

Lei riesce a farsi largo e a fare carriera grazie alle sue qualità, che ci sono e che nessuno vuole negare. Abbiamo a che fare con una straordinaria donna di comunicazione, un'influencer di strepitosa capacità.

Attaccare la Ferragni sul pandoro, ma non accettare confronti televisivi con i leader dell'opposizione che non siano quelli che si sceglie lei è sintomatico di questo approccio culturale che possiamo ritrovare in numerose circostanze. Fateci caso, sono tutte espressioni dello stesso atteggiamento da influencer e non da statisti.

Vi porto a Hiroshima, nei luoghi del G7 dei leader del 2023. Il primo ministro giapponese ha invitato i colleghi in una delle città più evocative e simboliche dell'intero pianeta. I capi di Stato e di governo arrivano e come di consueto intervallano le sessioni di lavoro ai momenti di relax e di condivisione. Il bello del G7, infatti, non sono tanto i documenti finali che vengono siglati dopo un lunghissimo lavoro preparatorio dei diplomatici «sherpa», ma è il clima che si crea, le chiacchiere, le confidenze, i momenti privati che servono anche a stabilire rapporti personali. Per Giorgia è il primo G7 ed è molto importante anche perché l'anno successivo la presidenza toccherà all'Italia. Dunque la nostra presidente ha una formidabile opportunità per ragionare con i propri colleghi, ma anche per far fiorire idee per l'edizione del 2024. A ciò si aggiunga che in questo G7, al secondo giorno, è prevista la partecipazione del leader ucraino Zelensky, e dunque l'evento assume ulteriore valore e significato.

E che cosa fa Giorgia Meloni? A metà del G7 decide di andarsene. Perché? Perché in Emilia-Romagna l'alluvione ha colpito duramente. E la premier decide di fare un gesto da influencer: abbandona la riunione del G7, dove pure il suo ruolo sarebbe prezioso, anticipa la partenza e atterra direttamente in Emilia-Romagna. Si mette degli stivaloni, si arrotola la camicia e si lega i capelli: tutto studiato nei dettagli. La presidente deve far notare che per lei questa è la priorità, altro che i vestiti comodi o il parrucchiere. Mentre Zelensky discute con Biden e gli altri leader al tavolo del G7, l'Italia siede con Gianluigi Benedetti, il nostro ambasciatore a Tokyo. Ovvio che non se lo fili nessuno, anche se è sicuramente un diplomatico di esperienza. Ma se ci sono i leader del mondo libero e tu te ne vai per lasciare lì l'ambasciatore è chiaro che non tocchi palla. E forse a Giorgia non interessa. Perché per lei è importante stare sulla notizia. Farsi vedere empatica.

Un cittadino le va incontro e si congratula con lei: «Finalmente vediamo qualcuno, grazie». Si scoprirà solo un mese più tardi che casualmente è un militante storico della destra travestito da cittadino comune, ma poco importa: il passaggio a uso e consumo dei tg è fatto. E che c'è di male nell'andare a visitare le terre alluvionate? Niente. Anzi. Andare lì fa aumentare il consenso della premier che cresce nel gradimento. Si mostra una donna empatica e vicina alle persone.

Solo che il suo posto da statista in quel momento era in Giappone, non in Romagna. A Hiroshima, non a Forlì.

Lei, semplicemente, non si sente statista: si sente influencer.

E il punto centrale è dimostrato dal fatto che dopo la scampagnata romagnola a beneficio dei fotoreporter e dopo aver lasciato l'ambasciatore Benedetti a discutere con Biden e Zelensky, Giorgia Meloni lascia la Romagna nel tripudio dei suoi follower sui social, ma senza lo stanziamento necessario. E qui casca l'influencer.

Ammettiamo che sia giusto lasciare il G7 per andare in Romagna dagli alluvionati: ok, facciamo finta di crederci. Se vai in Romagna devi portare i quattrini, non solo la solidarietà.

A maggior ragione se il Senato ha votato un nostro ordine del giorno che chiede al governo di ricostruire l'unità di missione Italia Sicura. Si tratta di una struttura istituzionale pensata contro il dissesto idrogeologico. L'avevamo pensata nei primi giorni del mio governo. Avevamo scelto di costituirla a Palazzo Chigi: il messaggio doveva essere forte e chiaro, infatti, e far capire a tutti che la lotta al dissesto non riguardava un singolo dipartimento o ministero, ma tutto l'esecutivo. A cominciare dal presidente del Consiglio dei ministri. Avevo chiamato a guidarla Erasmo D'Angelis. Poi l'avevamo inserita in un progetto più ampio alla cui guida avevamo coinvolto addirittura Renzo Piano. E per una volta che in Italia qualcosa stava funzionando (1.445 cantieri aperti, quasi un miliardo e mezzo investito e risolti i primi problemi storici, a cominciare dal Bisagno a Genova) perché la burocrazia veniva abbattuta e i soldi finalmente venivano spesi, eccoci che Giuseppe, Conte appena insediato al governo, decise di chiuderla. La maggioranza di centrodestra che sostiene la Meloni accoglie nel 2022 un mio emendamento, trasformandolo in ordine del giorno, per ricostruire Italia Sicura. Ma poi non fa nulla di concreto.

Morale. È un'influencer colei che lascia il G7 per fare uno show a favore di telecamera in una zona del Paese che ha bisogno di soldi che lei promette, ma non stanzia.

Fa politica chi attiva Casa Italia. Chi mette soldi per il dissesto. Chi coinvolge Renzo Piano per un progetto a lunga scadenza e non l'operatore tv per una ripresa hd. Rimettere la palla al centro significa stoppare la logica sciacallesca per cui, davanti a una tragedia, si cerca di lucrare consenso, ma al contrario si prova a ricostruire.

Non vi basta? Proseguiamo.

Siamo tutti in vacanza in un agosto finalmente senza Covid e senza campagne elettorali. Era l'ora, dopo quello è successo negli ultimi anni.

Giorgia Meloni va in ferie in Albania. E fin qui va benissimo. Certo: è un concetto di sovranismo *sui generis* quello di chi fa le vacanze fuori dai confini nazionali e sono sicuro che se io avessi fatto mezza vacanza all'estero quando ero premier, i Fratelli d'Italia – patriottici sostenitori del turismo nostrano – mi avrebbero massacrato. Ma per Giorgia no, questo ragionamento non vale. E aggiungo: ma chi se ne importa di dove va in ferie la premier. L'importante è che vada, stia bene e torni rilassata, perché al rientro deve lavorare per tutti noi. Ospite del collega premier Edi Rama, la presidente del Consiglio parte con la famiglia, la sorella, il cognato (praticamente il gruppo dirigente del Paese, ma di questo parliamo dopo) e raggiunge la costa albanese. Mentre è in vacanza per qualche giorno dall'altra parte dell'Adriatico, i media albanesi mostrano il caso di un gruppo di quattro turisti italiani che mangiano in un ristorante di Berat, si alzano e se ne vanno senza pagare. Un atteggiamento non soltanto disonesto, ma anche ridicolo: per non saldare l'equivalente di un conto da circa 80 euro ci si espone a un gesto così squallido come quello della fuga senza pagare. L'argomento è senz'altro disdicevole, ma non così importante, almeno visto da fuori. Per un politico è una notizia da non considerare nemmeno. Per un influencer è un'occasione.

Come vanno le cose lo spiega direttamente Edi Rama a *La Stampa*: «Sui media albanesi e su TikTok non si parlava d'altro che di un gruppo di italiani scappati da un ristorante a Berat senza pagare. Il proprietario ha minimizzato. Quando l'ho raccontato a Giorgia, tutti ridevano. Lei ha fatto il muso e ha ordinato all'ambasciatore: "Vada a pagare il conto di questi imbecilli, per favore, e faccia un comunicato! L'Italia non può perdere il rispetto così"».

E anche qui esplosione di entusiasmo dei social. Brava, ha fatto bene, così si fa. Ma vi rendete conto? Siccome sul TikTok albanese non si parla d'altro, zac, ecco la giustiziera degli italici scrocconi che, senza paura e senza macchia, si tuffa nell'agone della Rete e vendica l'onor patrio pagando lei per tutti.

Poi partono le domande. A che titolo la presidente del Consiglio ordina all'ambasciatore di pagare il conto? Perché è un bellissimo spot per i social, ma le regole non lo permettono. Se le ambasciate dovessero pagare i danni di tutto ciò che fanno i connazionali all'estero sarebbero tutte più in rosso di quanto già rischiano di essere. Allora Meloni capisce di aver esagerato. E dopo qualche ora di polemica fa sapere che ha pagato personalmente il conto. Di nuovo tripudio tra i fan: finalmente una premier che si fa rispettare. Perché se ci sono «quattro imbecilli» – come li chiama lei – che non pagano il conto la premier interviene, eccome se interviene. E poco importa se la Farnesina smette di essere la casa dei diplomatici e diventa un corriere per il saldo dei pagamenti della premier, poco importa se l'ambasciatore viene costretto al ruolo di galoppino, poco importa se questo messaggio è pure diseducativo: chi scappa senza pagare sappia che poi interviene lo Stato. Quello che importa, qui, è che la gente si divide: la metà dice che Meloni ha fatto benissimo a dare un segnale; l'altra metà dice che è tutta propaganda. Ma tutti parlano di lei, di Giorgia, della sua scelta.

Una riunione tra premier dovrebbe intervenire sulla gestione della criminalità internazionale o sui traffici problematici tra Albania e Italia che vanno ben oltre gli 80 euro del pranzo dei quattro. Ma un consesso di influencer non partorisce nessuna proposta in questo campo: si limita a fare un bel colpo mediatico. E gli 80 euro diventano un simbolo. Mettere la palla al centro significa dare 80 euro a dieci milioni di famiglie per anni, tutti i mesi. Per l'influencer della Garbatella è il simbolico conto da pagare a una ristoratrice albanese di Berat sopraffatta da tanta pubblicità gratuita.

Il gesto dell'influencer è sempre lo stesso.

L'obiettivo prioritario non è risolvere il problema ma prendere i like.

Quando si va a Caivano, l'ordine di scuderia di Fratelli d'Italia viene diramato attraverso sms ed è semplicemente esilarante: «Signori, giovedì mattina ci sarà il presidente Meloni a Caivano. L'appuntamento è per le 10 al Parco Verde presso la chiesa di don Patriciello. Dobbiamo mobilitarci per portare persone, ma non con simboli di partito. Le persone devono sembrare persone qualunque». Questa è la prima parte del messaggio. Nessuno insomma deve avere il sospetto che si tratti di dirigenti di Fratelli d'Italia. Nessuno insomma deve sparare al veglione di Capodanno, nessuno deve travestirsi da gerarca nazista, nessuno deve fermare il treno: persone qualunque. Non è difficile, dai. Ma poi ecco il colpo di genio: «Ovviamente, in questa forma di messaggio, non dovete farlo circolare a livello di base perché altrimenti arriva ai giornalisti e sembra che Meloni si fa organizzare la claque. Io ho scritto così a voi perché siete un livello apicale di dirigenza». E qui verrebbe da dire: figuriamoci gli altri. Ma la chiosa è stupenda: «Consiglio di fare la mobilitazione organizzando macchine di fedelissimi e gente intelligente». E si capisce, non è la cosa più semplice da fare. Infatti il messaggio finisce subito ai giornali.

Quello che è interessante è l'ennesima dimostrazione che il problema non è risolvere il nodo di Caivano, su cui da anni stiamo mettendo soldi in tanti, a cominciare dalle centinaia di milioni che nel Patto per la Campania il mio governo liberò per la Regione allo scopo di eliminare le ecoballe. Il problema è garantire che la copertura ai tg sia buona. Per questo ci vogliono fedelissimi e gente intelligente, due attributi che difficilmente possono restare uniti in casi come questo.

L'ossessione per la gente che applaude si capisce da tante cose. Persino in parlamento. In occasione della legge di bilancio 2024 Giorgia Meloni impedisce ai parlamentari di maggioranza di fare emendamenti. È un gesto pazzesco. Il governo che impone al parlamento di non lavorare e limitarsi a ratificare, è la violazione del principio di separazione dei poteri perché l'esecutivo e il legislativo dovrebbero essere distinti ed è, in qualche misura, l'umiliazione di chi, eletto al Senato o alla Camera, deve applaudire, fare le standing ovation. Sono pagati come parlamentari e in alcuni casi sono bravissimi: sono testimone della qualità di molti colleghi della maggioranza, persone perbene, serie, capaci. Ci sono ex sindaci di prima categoria, ci sono fior di personalità del mondo delle professioni, ci sono imprenditori che hanno fondato da zero aziende e creato migliaia di posti di lavoro. Ma la cultura istituzionale che sta alla base di questo ridicolo diktat meloniano è che i parlamentari sono come i bambini di Giorgio Gaber in *Far finta di essere sani*: «Non sanno se ridere o pianger e battono le mani. Far finta di essere sani». Spero che da qui alla fine della legislatura ci sia un sussulto da parte dei parlamentari, che ricordino alla presidente quello che lei diceva quando era all'opposizione, prima di trasformarsi in un'influencer.

Dobbiamo tornare al 2019. Si discute la legge di bilancio. Giorgia Meloni non è entusiasta della gestione da parte del governo. E dice: «Democrazia parlamentare significa che il parlamento decide, che il parlamento è centrale. Dov'è la democrazia se il parlamento non può discutere la Legge di bilancio, che è la prima prerogativa dei parlamenti dalla fine delle monarchie assolute?» E ancora: «Se al parlamento togliete la legge di bilancio non c'è democrazia parlamentare e non c'è neanche il parlamento». Parole nette e chiare. Del tutto condivisibili. Ma quando diventa premier, la leader di Fratelli d'Italia fa peggio di tutti e impedisce persino ai suoi parlamentari di presentare emendamenti.

Giorgia Meloni è questo: una donna che cambia idea su tutto, ma riesce a far credere di essere coerente. E per questo dobbiamo dirle brava, perché è oggettivamente difficile trovare fuoriclasse della comunicazione come lei.

Era contro l'euro, anzi voleva lo scioglimento concordato della Zona euro. Ora nega di averlo detto. O più semplicemente «non ricorda», come fosse una testimone reticente qualsiasi. Invitava a dire no alle trivelle, ai termovalorizzatori, ai rigassificatori: oggi si fa paladina del recupero delle risorse energetiche in Italia. Mi attaccava quando il mio governo inviava i nostri uomini con la Nato a pattugliare i cieli delle repubbliche baltiche dicendomi come le mie scelte «idiote» – sempre stata intimamente garbata, la ragazza – fossero pericolose per la sicurezza italiana e costituissero una provocazione per Putin. Il suo è l'unico partito italiano che non ha votato il Pnrr, di cui pure oggi si vanta tre volte alla settimana.

Il simbolo del suo approccio da influencer è in un video meraviglioso sulla benzina. La Giorgia Meloni dell'opposizione si fa riprendere mentre arriva in una stazione di servizio alla guida della sua auto. Chiede al benzinaio di farle 50 euro di benzina. Ma poi all'improvviso, con un simpatico gioco di comunicazione, emerge che dei 50 euro ben 35 vanno allo Stato tra Iva e accise.

E allora Meloni si lamenta delle accise e promette che si prenderà cura del problema personalmente appena arrivata al governo. E così infatti accade. Appena diventa presidente del Consiglio dei ministri la premier interviene a modo suo: non toglie le accise, non le abbassa, le aumenta, andando in controtendenza rispetto alle scelte del suo predecessore Mario Draghi.

Ma è forse il tema del rispetto della famiglia il punto sul quale più di qualsiasi altro si misura la differenza tra loro e noi.

Sia detto senza troppi giri di parole: Giorgia Meloni che fa la vittima sulla famiglia non è credibile. Perché Giorgia Meloni ha costruito la propria carriera attaccando le famiglie degli altri. Senza rispetto, senza pietà.

Vorrei portarvi a conoscere mio cognato, si chiama Andrea.

Ha poco più di quarant'anni, si è diplomato in teologia e ha commesso l'imperdonabile errore di sposare mia sorella (ma si vogliono molto bene e questo spero sia considerato almeno un'attenuante). Insieme a Matilde ha quattro figlie, di cui una – Maria – ha un cromosoma in più. Ed è ancora più bella e più speciale per questo.

Andrea è stato indagato dalla solita Procura di Firenze, dal solito Procuratore, per una contestazione allucinante. Lo hanno accusato di aver fatto riciclaggio internazionale perché suo fratello, che lavorava all'estero per alcune organizzazioni internazionali, gli aveva chiesto di compiere operazioni bancarie in sua vece con tanto di delega scritta.

Da otto anni Andrea combatte per avere giustizia contro un'inchiesta assurda che gli ha portato via notti di serenità. E gli ha consegnato giorni di frustrazione, come quando non ha potuto portare le sue bambine all'estero perché, essendo indagato per un reato odioso, non ha ricevuto il visto. O come quando non ha potuto accendere un mutuo o più banalmente aprire un conto corrente. Se Andrea non fosse stato mio cognato, la sua vita sarebbe trascorsa tranquilla. Ma è mio cognato e la sua indagine casualmente scatta nei giorni più caldi del referendum. Casualità, si capisce. E che alla fine il reato non ci sia, sapete chi lo deve ammettere? Lo stesso Procuratore che indaga per otto anni e che aveva chiesto il giudizio. All'atto della requisitoria, infatti, è lo stesso pm a chiedere l'assoluzione per Andrea. Voi direte: e vabbè, la cronaca è piena di casi giudiziari che si risolvono in un nulla di fatto dopo violente vampate mediatiche.

Vero. Ma indovinate qual è il partito politico che più di ogni altro ha strumentalizzato, attaccato, insinuato su questa vicenda? Ma è ovvio: Fratelli d'Italia, alla pari con il Movimento Cinque Stelle. E per prima la faccia ce l'ha messa Giorgia Meloni che denunciava il silenzio intorno alla storia di mio cognato e spiegava che solo Fratelli d'Italia e *Il Fatto Quotidiano* – dimmi con chi vai e ti dirò chi sei, diceva quello – si erano attivati.

Bene, quella stessa Meloni che attaccava le famiglie altrui per fatti che persino il pm ha ritenuto non essere reati è la stessa che si scandalizza se qualcuno parla di suo padre condannato in via definitiva per narcotraffico, si arrabbia se qualcuno fa domande sulle sorelle di primo letto, difende a spada tratta l'altra sorella, Arianna, chiede privacy sulle vicende del compagno, vorrebbe silenziare l'attenzione sulla figlia, salvo postare sui social la foto di loro due sull'aereo di Stato (quello che giustamente oggi usa e su cui tanta polemica anche FdI ha fatto) con la scritta da brava mamma e brava influencer: «Io e te, che affrontiamo il mondo mano nella mano». E sono centomila like e applausi a scena aperta. Perché la privacy per la figlia e la polemica sul volo di Stato ora possono attendere. È tempo di «mi piace».

Ancora una volta mettere la palla al centro significa non fare alla Meloni quello che lei ha fatto a noi. I Fratelli d'Italia toscani si sono appostati e hanno pedinato mia moglie Agnese per fotografarla mentre entrava nella Ztl sapendo bene che noi in quel periodo abitavamo nella Ztl e dunque mia moglie – munita di permesso – stava tornando a casa con a bordo nostra figlia. Ma i giornali scandalistici ripresero il post dei meloniani locali. Per non parlare delle manifestazioni davanti alla sede di Banca Etruria o delle polemiche su Open. O quando i miei furono arrestati: uno dei più duri fu Giovanni Donzelli, oggi braccio destro della Meloni, che pure conosceva bene la correttezza della mia famiglia pur avendo egli sempre omesso di dire che per anni aveva lavorato come strillone, con contratto regolare e contributi doverosamente pagati, quando faceva il collaboratore nella vendita de *La Nazione* con l'azienda dei miei. E quando il fratello di Giovanni Donzelli è stato arrestato io, a differenza sua, non ho attaccato, ho espresso solidarietà. Perché non c'è nessun post strappalike che valga il rispetto per la libertà di una persona e la sofferenza di una famiglia che vede un proprio congiunto arrestato. Chi come la Meloni e come Donzelli conosce quel dolore avrebbe potuto evitare di spalare fango sulle famiglie degli altri. Avrebbe potuto rispettare il dolore degli altri e confrontarsi sulla politica, non sull'odio social o sul giustizialismo.

Loro fanno esattamente come fa Beppe Grillo. Un uomo che ha costruito il successo professionale facendo ridere e il successo politico facendo piangere gli altri. Insultando donne di scienza, invitando alla violenza verbale, instillando odio. Beppe Grillo ha concorso a creare un clima talmente squallido e volgare da non meritare aggettivi. Quando, nell'autunno 2023, torna in televisione, ospite di Fabio Fazio, Grillo dice tante cose. Ammette di aver fallito, attacca Conte, si leva qualche sassolino dalla scarpa. Ma poi dice una cosa incredibile, evocando la vicenda del figlio sotto indagine per una presunta violenza sessuale: «Se il mondo entra nella tua famiglia, il mondo ti sfascia la famiglia».

Ma dai. Anche Grillo alla fine si rende conto che le famiglie vengono sfasciate dalla violenza della comunicazione negativa. Ma quello stesso signore stanco che non riesce più a strappare una risata – e che tristezza vedere un comico che non fa più ridere! –, quello stesso signore che recita la parte della vittima, è il responsabile del più incredibile massacro mediatico delle altrui famiglie negli ultimi vent'anni. Sull'odio, sull'insulto, sull'aggressione personale e famigliare Beppe Grillo ha costruito il Movimento Cinque Stelle. E del resto i primi ritrovi erano i Vaffa Day, non propriamente l'evocazione di un convegno filosofico sul pensiero risorgimentale.

La Meloni e Donzelli sono come Beppe Grillo, né più né meno. Hanno preferito evitare la politica per organizzare le manifestazioni contro le persone. E oggi pretendono rispetto per le loro famiglie dopo aver massacrato quelle degli altri. Eppure noi non li ripagheremo con la stessa moneta. No. Noi siamo pronti a misurarci sulla politica.

3
ALTRO CHE STAMPELLA

> «La maggior parte della gente morirebbe piuttosto che pensare. E molti fanno proprio così.»
>
> BERTRAND RUSSELL

E pensare che all'inizio tutti dicevano che io fossi la stampella del governo Meloni. Che fossi cioè pronto a entrare in maggioranza o a sostenere il governo. E perché dicevano questo? Semplicemente perché, a differenza di altri, non ho mai evocato l'allarme fascista, non ho mai dipinto la nuova maggioranza come una compagine guidata da extraterrestri. «La sinistra che mi ha dipinto come marziana» ha confessato a molti di noi la premier nei primi mesi di vita del suo esecutivo «mi ha fatto un regalo, perché appena sono arrivata a Bruxelles e hanno visto che non sono uno strano personaggio con le orecchie verdi e si sono tranquillizzati.» Al di là delle colorite, e colorate, battute della leader di Fratelli d'Italia questa è la verità.

Una certa sinistra, quella che è stata decisiva nel far vincere Giorgia, pensa che il modo migliore per contrastarne l'azione sia evocare il fascismo una volta alla settimana. Due volte nei mesi di punta. Fascisti qui, fascisti là, fascisti sopra, fascisti sotto.

È vero, questa premier ha cominciato a lavorare nell'ottobre del '22. Ma era l'ottobre del 2022, non del 1922.

E Giorgia Meloni non ha fatto la Marcia su Roma. Casomai ha fatto la retromarcia, su tutto. Su tutti gli argomenti della campagna elettorale, dall'euro all'immigrazione, dalle trivelle alle accise, Fratelli d'Italia ha cambiato idea.

Il punto politico è che, insistendo sul fascismo, le fanno un regalo. Perché le permettono di sottrarsi al confronto sulla realtà e la lasciano nel terreno che lei predilige: lo scontro ideologico.

Io mi sgolo con i commentatori dell'intellighenzia di sinistra e con i politici dell'opposizione: smettetela di dire che lei è fascista, questo non è un governo fascista, questo è un governo incapace, inadatto, impreparato.

Il che ovviamente è molto meglio per la democrazia del Paese, ma paradossalmente apre altri problemi: perché se il governo non è capace di fare il proprio lavoro, che ci sta a fare?

Insomma, in questo quadro, io tutto sono tranne che la stampella.

Una volta l'ho anche detto alla buvette del Senato ad alcuni colleghi: l'unica stampella che conosco è quella di Enrico Toti. Non so quanto sia stata apprezzata la citazione storica, ma so che i Fratelli d'Italia sono bravissimi a fare accordi con le altre opposizioni. La stampella numero uno si chiama Giuseppe Conte. Sulla Rai, in primo luogo, ma anche sul Mes e talvolta persino sull'immigrazione, la posizione del Movimento Cinque Stelle è allineata a quella della maggioranza in una riedizione del governo gialloverde del 2018. Quello, per intenderci, guidato dal trio delle meraviglie, si fa per dire, Conte-Salvini-Di Maio. E comunque la capacità di tessitura della politica romana porta molto spesso ad accordi nel sottobosco di governo tra FdI e Pd.

Noi invece in queste partite non ci siamo.

Però siamo trasparenti e lineari nel dire che se l'attuale esecutivo sarà in grado di portare a casa alcune riforme su cui noi abbiamo da sempre espresso il sostegno e l'appoggio, e in alcuni casi addirittura rivendicato la primogenitura, è ovvio che noi ci siamo e che ci saremo.

Il simbolo più eclatante di questo atteggiamento riguarda le riforme costituzionali.

Sostengo da anni che l'Italia ha bisogno di modificare la propria Costituzione. Chi dice che la Costituzione non si può toccare perché è la più bella del mondo ragiona da influencer, non da politico; chi dice una frase come «la Costituzione non si tocca» evoca valori, *in primis* perché la nostra Costituzione nasce dalla Resistenza. Le parole di un grande fiorentino, Piero Calamandrei, sono su questo punto definitive e bellissime: «Quindi, quando vi ho detto che questa è una carta morta, no, non è una carta morta, questo è un testamento, un testamento di centomila morti. Se voi volete andare in pellegrinaggio nel luogo dove è nata la nostra costituzione, andate nelle montagne dove caddero i partigiani, nelle carceri dove furono imprigionati, nei campi dove furono impiccati. Dovunque è morto un italiano per riscattare la libertà e la dignità, andate lì, o giovani, col pensiero perché lì è nata la nostra costituzione» (26 gennaio 1955).

Ma ottant'anni dopo la lotta di liberazione forse alcune cose si possono cambiare, no?

Evocare costantemente l'intangibilità della Costituzione serve a richiamare un patrimonio di valori alto e nobile, ma paradossalmente impedisce di far fronte alla realtà di oggi per come è cambiata.

Sostenere che chi vuole modificare la Costituzione è un nostalgico della Repubblica di Salò, o addirittura un leader che punta alla deriva autoritaria, funziona bene nel dibattito sui social, è davvero – una volta di più – un concetto da influencer che non fanno la fatica di approfondire, ma rimangono in superficie, volando rasoterra al livello degli slogan.

Paradossalmente una certa sinistra ha accettato che la Costituzione fosse cambiata, a mio avviso in peggio, quando su iniziativa del governo D'Alema si decise di fare una riforma del Titolo V, quello sui poteri delle autonomie territoriali, che ha creato pasticci e sovrapposizioni indicibili colpendo al cuore la funzionalità della nostra organizzazione statuale senza dare la necessaria, doverosa e corretta libertà ai Comuni. Si è al massimo sostituito un centralismo statale con un centralismo regionale senza una vera e propria logica di coerenza istituzionale e giuridica.

E comunque la verità è che io dico da sempre che la Costituzione va cambiata per rafforzare i poteri del governo. E del premier. Sì. Lo dico da quando facevo lo studente di giurisprudenza, il sindaco di Firenze, il presidente del Consiglio dei ministri. Lo dico perché mi sembra doveroso che chi governa possa decidere e rispondere delle proprie decisioni. E penso che il *vulnus* della nostra Costituzione splendidamente antifascista stia proprio nel fatto che pur di evitare il ritorno della dittatura si sia indebolito troppo il ruolo dell'esecutivo. Allora era giusto e doveroso procedere con cautela e lavorare sui pesi e i contrappesi. Ma oggi non siamo più al tempo di Mussolini. In tutto il mondo i capi dei governi hanno rilevanti poteri che in Italia sono impediti al presidente del Consiglio dei ministri, che è l'unico capo di governo che non può neanche revocare le deleghe a un ministro. Il sindaco può cacciare l'assessore quando vuole (giustamente, dico io), e il premier non ha la possibilità di mandare a casa un suo collaboratore che sbaglia? Ma ci rendiamo conto che questa è follia?

Nota per gli addetti ai lavori: il fatto che nella riforma presentata da Giorgia Meloni e dalla ministra Maria Elisabetta Alberti Casellati non sia prevista la possibilità della revoca dei ministri da parte della premier dimostra che anche la riforma costituzionale del centrodestra è deficitaria e debole. Altro che deriva autoritaria. Ma questo è un altro discorso.

Torniamo alla logica di chi mi critica. Io sarei una stampella della Meloni perché voglio votare la riforma costituzionale, questa è la tesi dei miei avversari politici. Ora, al di là che la riforma è scritta talmente male che il «voglio votare» diventa un «vorrei tanto votare», rimaniamo sul punto. Se io propongo da anni il modello del sindaco d'Italia, se ho presentato una proposta di legge costituzionale per discuterne, se alle elezioni tutto il Terzo Polo ha sostenuto questa tesi, se nella storia del Pds da un lato e del Pd dall'altro c'è sempre stata la centralità della figura del presidente del Consiglio, mi spiegate come posso votare contro, solo perché lo propone la Meloni?

A me questa cosa fa uscire di testa. Tu fai una riforma, tutti dicono che è giusta, che va bene, che serve al Paese e poi ti dicono «no, votiamo contro» perché la propone uno dell'altra parte politica. Questa è l'assoluta follia dello scontro ideologico e barbaro del nostro Paese: sono d'accordo con te, ma siccome lo dici tu, voto contro.

Ho perso Palazzo Chigi per questo sillogismo masochista che porta il Paese da anni a mutilare sul nascere ogni speranza di cambiamento condiviso. Molti mi accusano di aver personalizzato il referendum, ma pochi ricordano che prima di qualsiasi mia dichiarazione le forze di opposizione avevano già fatto lo stesso ragionamento che oggi fa la sinistra: «In linea di principio siamo d'accordo, ma votiamo contro perché la proponi tu che sei il nostro avversario».

Allora è bene dirlo con grande chiarezza. Non sarò mai come loro. Non sarò mai come Meloni e Salvini del 2016, ma neanche come Conte e Schlein del 2023. Se la riforma costituzionale è una cosa seria, certo che la voto. E la voto non per far entrare Italia Viva in maggioranza, ma per far entrare l'Italia nel futuro. E certo che cerco di mandare a casa il governo, ma non utilizzerò mai le riforme costituzionali per regolare i conti della *politique politicienne*. E se questo contribuirà a rendermi diverso da tutti gli altri, sarò ancora più felice.

Votare a favore della riforma costituzionale, se è scritta bene e non pasticciata come quella al vaglio del parlamento mentre scrivo, non significa offrire una stampella alla maggioranza, ma significa offrire un'opportunità alla politica. Questo significa essere politici e non influencer. Questo significa mettere la palla al centro. E questo è ciò che considero coerente con la mia vicenda personale, politica, istituzionale.

E non mi convincono le tesi strampalate di chi dice che il problema della riforma costituzionale è la previsione dell'elezione diretta del presidente del Consiglio dei ministri perché tale opzione ridurrebbe i poteri del presidente della Repubblica.

La sinistra attacca issando il Quirinale – e, suo malgrado, l'attuale inquilino del Colle – come baluardo della resistenza al melonismo. La destra risponde dicendo che nessuno intende toccare i poteri della presidenza: hanno visto i sondaggi e hanno paura di mettersi contro l'istituzione più amata dagli italiani.

Ma chi vuole fare politica e non limitarsi ai post a effetto sa che è ovvio che i poteri del presidente della Repubblica cambieranno in caso di approvazione dell'elezione diretta del premier. Devono cambiare, è giusto che cambino. Dirlo non significa voler «tarpare le ali» a Sergio Mattarella, come ha scritto qualcuno con un'invidiabile dose di fantasia. E se c'è uno che ha fatto qualcosina per portare l'attuale presidente della Repubblica sul Colle più alto nel 2015 e per bloccare la candidatura della direttrice dei Servizi Segreti, Elisabetta Belloni (su cui convergevano Salvini, Meloni e Conte), beh quello sono io. Penso che mi sia riconosciuto anche da chi non mi ama. Nella mia visione istituzionale il presidente della Repubblica è un incarico troppo importante per lasciarlo a chi viene da una carriera tutta tecnica e addirittura legata all'intelligence, o per eleggere un sovranista come sarebbe accaduto se nel 2019 non avessimo bloccato il Salvini del Papeete. Eppure io per primo dico che si possono modificare i poteri del presidente. Si possono allargare se si fa il presidenzialismo, con l'elezione diretta del capo dello Stato. O si possono circoscrivere, ad esempio, quelli legati alla nomina dei ministri, lasciando la figura del presidente come arbitro e garante. Quello che mi colpisce è che nessuno ha il coraggio di dire una cosa molto semplice. Non è solo la proposta della destra a ridurre i poteri del capo dello Stato, ma anche la sinistra che avanza l'idea del cancellierato con la sfiducia costruttiva che circoscrive il ruolo del Quirinale. Se c'è la sfiducia costruttiva non c'è più lo spazio per il presidente di «inventarsi» soluzioni tecniche. I poteri tolti al Colle nella formazione del governo vanno ai cittadini in caso di elezione diretta del presidente della Repubblica e vanno ai parlamentari nel caso del sistema della sfiducia costruttiva. Ma non prendiamoci in giro: in entrambi i casi i poteri vengono ridotti.

Voglio mantenere l'onestà intellettuale di dire che sulle riforme costituzionali non farò alla Meloni quello che lei ha fatto a me. Non farò, cioè, un'opposizione preconcetta come quella di Conte e Schlein. Resterò distinto e distante dalla maggioranza, ma voterò a favore se la riforma sarà seria. Quella che gli altri chiamano «stampella della maggioranza», io la chiamo «dignità della politica». Ho perso Palazzo Chigi perché pensavo che le riforme servissero al Paese. Se qualcuno fa le riforme io sarò con lui o con lei.

E non accetto lezioni sull'importanza della figura del presidente della Repubblica. Quando ho accettato – *obtorto collo* – l'alleanza con i Cinque Stelle pur di fermare la marcia trionfale di Salvini al Papeete nella terribile estate del 2019 non l'ho fatto solo perché volevo evitare un governo a guida Lega: l'ho fatto anche e soprattutto perché se si fosse andati a votare con le elezioni anticipate, Salvini avrebbe poi avuto i numeri per eleggere nel 2022 un presidente della Repubblica sovranista e antieuropeista. Oggi mi sento dire che appoggiando il governo giallorosso ho perso punti, consenso e credibilità. Sì, è vero, ma ho contribuito a salvare l'istituzione del presidente della Repubblica. I politici pensano prima alle istituzioni e poi al consenso. Perché sono politici, non influencer. Spiegatelo pure a quelli che ancora non hanno capito che cosa è successo nel 2019 e continuano a rinfacciarmi l'incoerenza. Erano i mesi in cui i grillini mostravano in aula il gesto delle manette contro i miei genitori: pensate che possa aver fatto quella scelta a cuor leggero? No, ci ho sofferto, ci ho sofferto come un cane. L'ho fatto perché la politica richiedeva di passare sopra l'interesse personale o la legittima rabbia familiare.

Allo stesso modo siamo stati accusati di essere dalla parte del governo perché abbiamo difeso la ministra Roccella quando al Salone del libro di Torino le è stato impedito di parlare. Penso da sempre che i libri siano il simbolo della libertà. Da sindaco ho voluto raddoppiare i metri quadri delle biblioteche pubbliche presenti nella mia città per costruire oasi di civiltà nel deserto della società contemporanea. Sono orgoglioso di aver voluto provvedimenti come la 18App per avvicinare i ragazzi a entrare nelle librerie, per provare il piacere fisico di acquistare un libro. E ancora ricordo l'immagine bellissima, che ci propose Massimo Recalcati al Lingotto, di un libro che è capace di far crollare un muro. Ecco perché considero il Salone del libro di Torino uno degli eventi più belli che in questi anni si sono affermati nel dibattito pubblico italiano e nella programmazione culturale del nostro Paese. Un evento talmente significativo da aver resistito ai tentativi «di scippo» condotti da altre città. Ma quando al Salone del libro di Torino viene invitata una ministra, in questo caso Eugenia Roccella ministra per le Pari opportunità e la Famiglia, e le viene impedito di parlare, viene zittita, beh, allora avverto il dovere di schierarmi dalla sua parte. Stare dalla parte della ministra significa stare dalla parte della civiltà. Roccella viene contestata al grido di «Via i fascisti dal Salone». Ci sarebbe da domandarsi: chi sono i fascisti oggi? Quelli che vogliono esprimere delle idee che tu non condividi o quelli che non fanno parlare chi ha idee diverse? Longanesi diceva che i fascisti in Italia si dividono in due categorie: i fascisti e gli antifascisti. Oggettivamente una signora battuta, ma un po' troppo anche per me. Però se ci pensate è il filo rosso che lega al pensiero di Pier Paolo Pasolini e al suo *Il fascismo degli antifascisti*.

Non sono strano o addirittura la stampella di Meloni se mi schiero dalla parte della libertà di parola della Roccella. Non sono io quello strano: sono quelli che non difendono la ministra che sbagliano.

Votare le riforme costituzionali, difendere la libertà di parola di una ministra, lavorare per una riforma della giustizia condivisa, come vedremo in uno dei prossimi capitoli: questo non è intelligenza con il nemico. Tutt'altro. È rispetto della civiltà e del confronto. Non ho problemi ad aggiungere che il mio rapporto con la presidente del Consiglio, nei fisiologici momenti di alti e bassi, è sempre stato improntato al massimo rispetto.

Quando è arrivata a Palazzo Chigi le ho offerto la massima collaborazione istituzionale, come secondo me un ex premier deve fare sempre con i suoi successori. Ho detto a

Giorgia Meloni ciò che avevo già detto a Draghi, Conte e Gentiloni. E che dirò a tutti coloro che verranno dopo di lei.

Non ho difficoltà a rivelare che ho ritenuto mio dovere raccontare alla presidente le mie impressioni e condividere le mie valutazioni su vicende legate alla politica estera e ai rapporti con alcuni Paesi alla luce di eventi occorsi durante il mio mandato. Ad esempio, ho sentito il bisogno di esprimere alla Meloni le mie valutazioni sull'Egitto qualche ora prima del suo incontro con al-Sisi o il mio giudizio su alcune personalità del G20 ancora attive sulla scena politica. Sono tutti giudizi che un capo del governo deve conoscere, per poi decidere come crede, in piena e totale libertà e autonomia, ovviamente.

Insomma, non ho alcun problema istituzionale con la premier.

Anche se la considero un'influencer più che una statista, la rispetto profondamente nel suo ruolo, le offro la massima collaborazione e, per quanto possibile, sono ben lieto di scherzarci. La cosa divertente è che in Aula ce le diamo di santa ragione, ma non perdiamo il gusto della battuta. Forse il fatto che lei stia facendo un lavoro che anche io ho fatto in passato rende più semplice stabilire un sentimento di solidarietà o comunque comprensione, nonostante le differenze politiche che ci separano. E a me è capitato di suggerirle di dormire di più, di fumare di meno, di prendersi del tempo per riflettere, di fermarsi un attimo. L'ho fatto non perché abbia titolo a farlo o perché mi ritenga un fratello maggiore, tutt'altro, ma perché ci sono passato. E capisco che quell'universo che da fuori sembra un mondo pieno di lucine, eccitante e potente, visto da dentro sia difficile da reggere e sostenere, soprattutto nella quotidianità. E poi la verità è che stando rinchiuso nel Palazzo rischi di perdere il contatto con la realtà.

Ho molto raffreddato i rapporti personali con Giorgia dopo che lei si è sentita criticata da me in una trasmissione televisiva. Mercoledì 20 settembre 2023. Vado in tv su Rete 4 con il conduttore Nicola Porro e il direttore de *Il Giornale* Alessandro Sallusti. Le agenzie battono una notizia strana: la presidente del Consiglio vola a New York per un paio di giorni per l'Assemblea generale delle Nazioni Unite. Ha deciso di saltare il tradizionale ricevimento che organizza il presidente degli Stati Uniti per andare a mangiare una pizza con la figlia. Ancora una volta una mossa astuta sul piano della comunicazione. Il messaggio è semplice: «Vedete? Per me stare con la mia bambina è più importante di tutto, persino dell'uomo più potente del mondo». E lo rivendico pure, faccio fare un comunicato stampa per farlo sapere. L'influencer prende il posto della donna delle istituzioni. Perché andare a quel ricevimento è doveroso. Magari ci stai solo dieci minuti, ma c'è il mondo. E per il capo del governo che è in corsa per l'Expo stringere le mani di qualche collega di Paesi semisconosciuti, ma che comunque votano, è utile. Scambiare due parole davanti a una tartina con qualche capo di governo africano o asiatico è utile. Sono incontri spesso noiosi, ma servono.

In tv Porro mi domanda che cosa pensi della scelta della Meloni di saltare Biden e di andare a mangiare la pizza con la figlia. Non faccio polemica. Non tocco minimamente il tasto della figlia, non parlo di influencer, non dico niente sull'Expo. Dico solo che Meloni ha sbagliato. Sallusti mi rintuzza: «Vabbè, ma al posto suo c'è andato Tajani». E io la chiudo con una battuta: «Ecco, peggio mi sento. A maggior ragione doveva andarci lei». Risata a denti stretti in studio, lancio della pubblicità, finisce lì. La mattina dopo sono alla stampa estera e a domanda ribadisco: «Meloni ieri doveva essere al vertice con Joe Biden e non in pizzeria. Figuriamoci se io ho qualcosa contro le pizzerie, ma quel vertice non era solo una *photo opportunity*. Quei vertici servono per incrociarsi e stabilire relazioni. Se vuoi giocare un ruolo devi fare alleanze e non andare in pizzeria».

La mia presa di posizione provoca due conseguenze.

La prima: Nicola Porro – che pure incrocio più volte nelle sedi più disparate – non mi invita più in trasmissione. Sarà un caso, per carità, ma da quel momento zero inviti.

La seconda: Giorgia Meloni mi messaggia risentita. Mi spiega come funziona il ricevimento all'Onu, dimenticando che talvolta ci sono stato anche io. E quando le dico perché secondo me era doveroso partecipare al ricevimento, anche se noioso, mi scrive che io non frequentavo il presidente degli Stati Uniti abitualmente come lei e dunque andavo al ricevimento perché pensavo «fosse utile andare per avere una foto con lui». In quel preciso momento capisco – e glielo scrivo testuale – che «Ci siamo giocati anche la Meloni». Perché pensare che la mia critica, molto soft, sulla mancata presenza al ricevimento di Biden nascesse dal fatto che io «non frequentassi il presidente degli Stati Uniti abitualmente» dimostra una scarsa aderenza alla realtà.

È noto a tutti che durante la presidenza Obama l'attenzione della Casa Bianca verso l'Italia era notevole. L'invito che i coniugi Obama fecero ad Agnese e a me per lo *State dinner* conclusivo del mandato presidenziale fu interpretato dai commentatori di tutto il mondo come il segnale di una relazione speciale che avevamo costruito con pazienza, dedizione e anche qualche polemica. Il mio rapporto con Obama non aveva certo bisogno di una foto in un ricevimento con centinaia di persone. Chi conosce la storia di quegli anni ricorda come quel rapporto andasse oltre gli aspetti politici: le chiacchiere con Barack, Michelle e Agnese sull'utilizzo della playstation con i figli, le discussioni sul vino toscano e il mio dubbio esistenziale sul fatto che Obama avesse confuso il Mormoreto con il Masseto, due etichette ben diverse della famiglia Frescobaldi, la frustrazione personale per alcuni risultati territoriali dei democratici in America durante il G20 in Australia, le riflessioni sulle analogie tra Trump e Berlusconi alla Cop di Parigi, le battute con Benigni e Bebe Vio alla Casa Bianca, gli appunti in anteprima del suo discorso di Hiroshima, la discussione su Firenze, il golf, Nelson Mandela, i film, i meccanismi costituzionali. Per non parlare della mia insistenza sulle fake news, che all'inizio gli sembrava frutto di una visione eccessivamente triste, mentre poi – dopo la Brexit – diventò centrale anche al tavolo dei leader.

«Ti ringrazio per le lezioni di politica estera, cara Giorgia. Quando avrò bisogno ti chiederò un ripasso» le scrivo. In soldoni chiudo il dialogo con lei che continua a rivendicare di aver fatto bene a saltare il ricevimento dicendo: «Se hai bisogno di condividere valutazioni nell'interesse del Paese, io ci sono. Ma questo tuo tono è un tono discutibile». Cioè, in realtà la parola che uso non è propriamente discutibile: è un'altra ma "discutibile" rende comunque l'idea. Finisco dicendo: «Ti auguro il meglio personalmente e soprattutto per il Paese».

Penso che questo tipo di approccio di Giorgia Meloni rischi di diventare arrogante. E siccome sono un cultore della materia, e ci sono passato, credo di aver fatto bene a dirglielo francamente. *Amicus Plato, sed magis amica veritas*.

Ma forse Giorgia Meloni non è diventata arrogante a Palazzo Chigi. Lo era anche prima. Questa almeno era la tesi di Silvio Berlusconi dopo che la Meloni lo aveva trattato in modo sprezzante.

Erano i primi giorni della nuova legislatura. E Berlusconi aveva scritto in un foglio su carta intestata «Villa San Martino» un pensiero con la sua calligrafia inconfondibile, anche se un po' più incerta negli ultimi anni. «Giorgia Meloni. Un comportamento. 1 Supponente. 2 Prepotente. 3 Arrogante. 4 Offensivo. Nessuna disponibilità al cambiamento.

È una con cui non si può andare d'accordo.» Parole e musica di Silvio Berlusconi, offerte abilmente a favore di telecamera. Perché – diciamolo – Berlusconi su queste cose era un maestro e non faceva nulla, nulla, nulla a caso.

La risposta di Meloni: io non sono ricattabile. Una risposta molto simile a quella che aveva dato Rosy Bindi collegata con Berlusconi in una trasmissione di Bruno Vespa: io non sono una donna a sua disposizione. È un atteggiamento poco generoso specie pensando che Berlusconi ha fatto molto per Giorgia Meloni, in diversi campi, sia valorizzandola politicamente, a cominciare dall'indicazione come giovanissima ministra, sia attraverso il sostegno che il Cavaliere sapeva accordare alle persone che voleva sostenere, dagli spazi televisivi alla benevolenza mediatica. Ma se sul rapporto tra Meloni e Berlusconi non voglio indugiare, perché troppe sarebbero le cose da dire, è soprattutto sul mio rapporto con l'ex presidente del Consiglio, scomparso nel giugno 2023, che vale la pena spendere qualche parola in più.

4
BERLUSCONI

> «L'empatia può essere una forma radicale di avvicinamento e diplomazia.»
>
> MERYL STREEP

Io non ho mai votato Silvio Berlusconi. Sono stato un suo avversario politico, uno dei pochi a cui Forza Italia non ha mai concesso la fiducia in parlamento. La sua decisione di rompere il patto del Nazareno dopo la scelta di Sergio Mattarella come presidente della Repubblica e poi di votare contro il referendum costituzionale ha segnato la fine del mio governo.

Sono in una posizione davvero particolare. Non appartengo alla classe dirigente del centrodestra che è stata in larga parte miracolata, purificata, valorizzata da Silvio Berlusconi. Parliamoci chiaro: è difficile trovare nel centrodestra qualcuno che non abbia avuto qualcosa da Berlusconi. Un seggio, un posto di lavoro, un contributo finanziario, una buona parola per avere più visibilità sui media o in tv, un aiuto professionale. Anche perché Berlusconi è stato molto generoso. Una volta glielo dissi: «Tu sei stato troppo generoso con i tuoi». Con qualcuno era amicizia e nell'amicizia secondo me ci sta tutto. Altri e altre però se ne sono approfittati. Ma questa è un'altra storia.

Quelli che sono stati nel centrodestra degli ultimi trent'anni e fanno la gara a chi si dimentica prima di quanto ha fatto Silvio Berlusconi per loro mi suscitano una strana impressione. Per non dire amarezza. O peggio. Perché molti di quelli che oggi giocano a prendere le distanze da quella stagione allora facevano anticamera a Palazzo Grazioli o ad Arcore.

Essere dall'altra parte della barricata mi ha permesso di non far parte di questa vasta ed eterogenea tribù. Però, pur essendo nel centrosinistra, io non ho mai condiviso l'opposizione pregiudiziale, ideologica, giustizialista che gli è stata fatta da larga parte dei miei colleghi.

E allora posso parlarne nella piena libertà di chi non appartiene alla categoria dei *laudatores* ma neanche a quella di chi si è opposto a prescindere. E nella libertà di chi ha avuto plurime occasioni di incontro, di confronto, di scontro con lui ricavandone un rapporto personale davvero peculiare.

Silvio Berlusconi è stato un uomo straordinario nel bene e nel male. In tutti i sensi. *Extra ordinem*. Un fuoriclasse assoluto che ha rivoluzionato tutti i settori in cui si è cimentato. Nell'edilizia, nell'editoria, nella tv, nel calcio, nella politica: non c'è settore che egli non abbia contribuito a innovare, piaccia o non piaccia. Non riconoscerlo significa essere in malafede. E per questo non ha eredi politici, nonostante in tanti si affannino a cercare di emularlo. Berlusconi era Berlusconi, punto. «Come te non c'è nessuno», abbiamo titolato sul *Riformista* il giorno dopo la scomparsa. Poi si può avere un giudizio positivo o un giudizio negativo, questo è del tutto legittimo. Ma né chi lo amava né chi lo odiava può negare l'impatto che egli ha avuto sulla società italiana.

Oggi assistiamo a un fenomeno abbastanza ridicolo. Mentre l'eredità aziendale è stata assicurata da un intelligente gioco di squadra dei figli – e passaggi come questi non sono semplici –, l'eredità politica è stiracchiata e contesa da piccoli personaggi in cerca d'autore che immaginano di costruirsi un futuro rosicchiando qualcosa dal passato.

Con la Forza Italia di oggi il pensiero politico di Berlusconi non è più rappresentato. Questo governo ha alzato le tasse, questo governo strizza l'occhio ai giustizialisti di Fratelli d'Italia (giustizialisti quando non sono indagati loro, sia chiaro), questo governo va contro la visione europea del Cavaliere.

Ho conosciuto Silvio Berlusconi a Firenze nel 2005. Lui era il capo del governo, io guidavo la Provincia. Il Cavaliere era stato costretto a fermarsi due ore nel palazzo del governo della mia città, la prefettura di Palazzo Medici Riccardi, immobile condiviso con la Provincia. Erano momenti di duro scontro politico ma il prefetto mi aveva giustamente telefonato: «Presidente, perché non sale le scale e si viene a prendere un caffè qui da noi?».

Tutto immaginavo meno che di incontrare Berlusconi e allora avevo indossato un abito in velluto marrone. Arrivo nel Salone Carlo VIII e Berlusconi non fa in tempo a stringermi la mano che già mi dice: «Ma come, tutti parlano bene di lei e si veste così da comunista? Ma lei non veniva dal marketing, scusi?». Iniziamo bene, penso. Ci salutiamo dopo una chiacchierata simpatica.

A distanza di qualche anno io sto lanciandomi nelle primarie del Partito democratico per le Comunali di Firenze. Tutti i sondaggi mi danno sconfitto. Berlusconi mi fa cercare da Denis Verdini che allora conoscevo solo di nome: «Oh, il mio capo si è innamorato di te. Però tranquillo, è innamoramento solo politico. Come forse sai, gli garbano le donne». Sì, diciamo, si era intuito. Ma al di là dei gusti sessuali del Cavaliere spiego a Verdini di farsi latore di un messaggio: io sono cresciuto nel Pd e sogno la svolta blairiana e clintoniana. Non passo il Rubicone, non vado dall'altra parte. Siamo nel 2008, Berlusconi è al massimo della sua forza. Potete immaginare gli argomenti molto convincenti che Denis usa. Ma non se ne parla proprio. Tanto che una volta Berlusconi disse: «Le porte di Forza Italia per Renzi sono sempre aperte». E la mia risposta fu scanzonata: «Chiudile, presidente, non vorrei che entrasse troppo freddo».

Il fatto è che io ho sempre cercato di mantenere un buon rapporto per rendere più civile e gentile il confronto politico, non per cambiare casacca. I tanti che mi criticano ignorano quanta forza ci voglia a dire «no, grazie» a colui che in quel momento è l'uomo più importante d'Italia. Ma io non ho dubbi perché ho sempre considerato la politica come una sfida ideale. Che ha bisogno di scelte tattiche e di strategie raffinate, ma si muove sempre nell'ambito di una cornice di valori.

Non a caso mi candido alle primarie, le vinco a sorpresa, divento il sindaco della mia città. Rivedo un sorridente Berlusconi all'inaugurazione del Frecciarossa Salerno-Milano. I sindaci del Pd non sono tanti ma sono capitanati da una brillante promessa; non sono io, si capisce, ma Enzo De Luca, allora stimatissimo sindaco di Salerno. Berlusconi è incontenibile: Mauro Moretti, l'amministratore delegato di FS, fatica ad arginarlo. Mi vede, mi dà del tu e mi dice: «Vieni a trovarmi, che facciamo due chiacchiere». Penso che lo dica a tutti. Passerà del tempo – quasi un anno – ma alla fine la segreteria del presidente mi chiama a Palazzo Vecchio: «Lei verrebbe ad Arcore lunedì?». Ma certo.

L'incontro è incredibile. Sto tre ore con lui, insieme anche a Enrico Marinelli, un amico fiorentino che ci ha lasciato troppo presto, e poi restiamo a pranzo con i figli più giovani. Io ho un obiettivo: ottenere per Firenze le stesse condizioni che ha Roma sulla tassa di soggiorno. Mi sembra ingiusto che l'amministrazione di Alemanno ottenga qualcosa in più rispetto alla nostra solo perché la nostra parte politica è all'opposizione a Roma. Discutiamo di tutto, a cominciare da Max Allegri che Berlusconi contesta pur essendo l'allenatore che ha riportato il Milan in vetta al campionato (e quell'anno alla vittoria dello scudetto). La figlia Barbara, che allora si occupa del Milan, prova a difenderlo. Io intervengo pensando di sdrammatizzare: «Presidente, ma dai. Allegri è bravo e non è neanche un comunista» e lui risponde con una battuta strepitosa: «No, non è comunista. Però è di Livorno, che è quasi peggio». I tifosi del Livorno, impagabili, erano andati alla prima trasferta di serie A a San Siro tutti con la bandana in testa dopo l'estate in cui Berlusconi aveva fatto il trapianto e per nasconderlo ai giornalisti si era messo la bandana a Porto Rotondo con Tony e Cherie Blair.

Mi ha sempre colpito, di quell'incontro, il fatto che Berlusconi volle fare il pranzo insieme anche ai figli più giovani, con i quali credo l'appuntamento del lunedì fosse un rituale fisso. L'ho detto in Senato ricordandolo: puoi avere tutte le ricchezze che vuoi, puoi ottenere tutti i successi che vuoi, puoi vincere tutte le sfide che vuoi: il più grande lusso della vita – come diceva Saint-Exupéry – è la qualità delle relazioni umane. E niente supera il rapporto coi figli, nel bene e nel male.

Mentre esco dalla residenza di Arcore e raggiungo la macchina, Berlusconi si ferma davanti a un mappamondo. E mi mostra il Kazakistan. Non viaggiava molto, lui, ma aveva un buon rapporto con Nazarbayev, l'allora capo incontrastato kazako, il quale era molto felice di mantenere un perfetto rapporto sia con Berlusconi sia con Prodi, rapporto proseguito anche quando Prodi lasciò Palazzo Chigi. «Sono l'unico che li mette d'accordo» mi disse una volta nel 2014 strizzandomi l'occhio. E Berlusconi in quel momento mi dice: «Ma perché i comunisti mi odiano? Sono reduce dal Kazakistan dove il presidente ha un consenso del 92%. Vorrei anch'io una percentuale simile». Non ho mai capito se scherzasse o se nel suo atteggiamento naïf davvero il Cavaliere non si capacitasse di non essere amato da tutti. Perché questo lui voleva: essere amato anche dagli avversari. Gli faccio notare: «Presidente, il sistema costituzionale kazako è leggermente diverso dal nostro. Non ti suggerisco di esternare la tua voglia di emularlo». Finisce con una risata.

Quando sono diventato segretario nazionale del Pd e ho proposto le riforme condivise ho organizzato – ancora tramite Denis Verdini e Gianni Letta – l'incontro con lui. Si poneva il problema del dove. Non volevo andare nella sede di Forza Italia, non aveva senso andare ai gruppi in parlamento visto che Berlusconi era appena decaduto e io ero sindaco, non potevamo certo farlo a Firenze o Arcore. Alla fine optiamo per la sede del Pd, il Nazareno. L'idea di portare Berlusconi nella sede del Pd mi piace molto: è il segno di una civiltà dei rapporti che a mio giudizio non può che migliorare la qualità della politica italiana.

La mia segreteria si è appena insediata e nell'ufficio che era stato di Bersani e poi di Epifani ho fatto in tempo solo a mettere alcune immagini. La prima è quella di Giorgio La Pira e non c'è bisogno di spiegare il perché. La seconda è una foto del manifesto del mio amico e storico avversario, il dalemianissimo segretario dei Ds di Firenze, Meme Auzzi, morto per un infarto improvviso quando non aveva ancora compiuto cinquant'anni. Auzzi non avrebbe mai votato per me nemmeno sotto tortura in un congresso del Pd. Ma l'idea che io fossi diventato il segretario nazionale contro la Ditta mi sembrava esigere che in qualche modo lo portassi con me, almeno con il suo manifesto. E vedere Berlusconi seduto sotto i baffi del Meme Auzzi effettivamente mi faceva molto sorridere. E poi un regalo che avevo ricevuto da Diego Della Valle: una foto storica di Che Guevara e Fidel Castro che fanno la cosa meno rivoluzionaria immaginabile: giocano a golf. Amando la provocazione presi la foto e la portai nella stanza dell'incontro. Due ore di colloquio per poi dire: «Ok, facciamo insieme le riforme».

La rottura del 2015 avvenne sul nome del candidato al Quirinale, Sergio Mattarella. Ma era evidente che Berlusconi aveva ricevuto molte pressioni e telefonate dagli uomini di Massimo D'Alema oltre che da personalità di Forza Italia. Peccato perché dopo quella rottura non ci siamo parlati per mesi. E anche l'accordo che avevamo siglato insieme nella sede del Pd, il patto del Nazareno, era saltato come rappresaglia per le mie scelte sul Quirinale.

Quando, dopo mesi di silenzio e lontananza, abbiamo ripreso a sentirci era fantastico sentirlo raccontare la storia passata a modo suo. Come quando cercava di convincermi che il patto del Nazareno lo avessi rotto io. E mi sembrava che raccontasse questa bugia con una tale genuina passione che alla fine ci credesse pure. Tanto che a un certo punto una volta gli dissi: «Presidente, ma io c'ero, eh. Queste cose le puoi raccontare ai tuoi per dare la colpa a me, ma non a me. Io c'ero e so come sono andate le cose». E lui di rimando: «Va beh, allora cambiamo argomento».

Come quando in campagna elettorale del 2018 fece una meravigliosa tirata dalla D'Urso spiegando che Renzi aveva firmato il trattato di Dublino e con ciò aveva messo l'Italia in difficoltà sui temi dell'immigrazione. Al che io lo chiamo e gli dico: «Presidente, ma che cosa hai detto dalla D'Urso? Come faccio ad aver firmato io l'accordo di Dublino? È del 2003, tu eri al governo con Maroni e Bossi, io stavo ancora a Rignano sull'Arno». «Perché? Ho detto che l'hai firmato tu?» «Eh sì.» «E non è vero?» «Eh no.»

«Va beh, dai. Sono cose che in campagna elettorale si dicono. Come stai per il resto?»

Cioè, mi ha appena accusato in tv di una cosa che non ho fatto io ma ha fatto lui e con assoluta nonchalance cambia argomento e mi chiede come sto. Un gigante.

Berlusconi mi ha fatto tribolare, ma non mi vergogno a dire che una volta mi ha fatto anche piangere. I miei genitori erano appena stati arrestati. Io dovevo fare un'iniziativa politica in un locale dell'empolese, terra rossa per definizione. Sto per scendere dalla macchina quando arriva la chiamata di Berlusconi. Mi vuole offrire la sua solidarietà perché tutti quelli che conoscono la vicenda sanno che l'arresto dei miei genitori è una follia inspiegabile se non con le ragioni dell'aggressione giudiziaria. E poi mi dice una frase: «Con noi possono prendersela quanto vogliono ma la cosa che mi fa soffrire è che abbiano fatto questo alla tua mamma. Perché le mamme no, le mamme non si toccano».

Da quel momento tutte le volte che arrivava una sentenza di assoluzione, e non sono state poche, ci sentivamo per telefono. E quando mia mamma è stata assolta in appello il 18 ottobre 2022, mentre stavamo vivendo un guazzabuglio di emozioni indescrivibili la telefonata di Berlusconi è arrivata in tarda serata. Un'esplosione di gioia da condividere.

Molte cose sarebbero da raccontare del rapporto con il Cavaliere. Anche meno positive di quelle raccontate sino a qui. Il suo comportamento altalenante nella crisi che poi portò a Mario Draghi, la sua pervicace volontà di arrivare al Quirinale che manifestò a molti ma non a me perché sapeva quello che gli avevo già detto: «Presidente, non ti voteranno mai per il Colle. E comunque non ti voterò mai io». Perché io a Berlusconi dicevo la verità, dicevo quello che pensavo, dicevo quello che volevo io, non quello che voleva sentirsi dire e che i suoi spesso gli ripetevano anche solo per compiacerlo.

Questo atteggiamento di libertà è stato alla base di un rapporto vero, umano, che mi è rimasto nel cuore. Anche quando discutevamo delle cose che non condividevamo, a cominciare dalla rappresentazione della figura femminile. Anche laddove c'era una diversità di giudizio, e spesso c'era, vivaddio, come è normale in una logica democratica, non è mai mancato il rispetto. E qualche buon consiglio.

Ad esempio, lui nell'ultima fase della sua vita stravedeva per TikTok dove in poche settimane era già diventato un'icona assoluta. E quando ci sentivamo, mi commentava i numeri: «Ma ti rendi conto che un video può arrivare a fare milioni di visualizzazioni?». L'anima del proprietario di Publitalia si faceva sentire, sempre. E ancora le ultime telefonate, tra cui una particolare dal Giappone per gli auguri di compleanno, i racconti della Merkel, la rabbia verso Sarkozy, i dubbi sull'inizio del governo Meloni. Ha scritto Augusto Minzolini, uno dei suoi confidenti degli ultimi giorni, che immaginando le Politiche del 2027 Berlusconi vedeva nel centro il campo di gioco della sfida. E gli diceva espressamente: bisognerebbe convincere Renzi a venire con noi. Con il suo 3% potrebbe essere decisivo. Perché il 3% farà davvero la differenza alle prossime politiche. E Berlusconi naturalmente l'aveva capito prima, essendo un uomo di numeri e statistiche.

Credo che la sua eredità debba essere affrontata sulla base di quattro paletti.

Il primo: no a nuove tasse. Oso dire che se Berlusconi fosse stato vivo, il governo Meloni non avrebbe mai aumentato l'Iva e meno che mai per i pannolini, per gli assorbenti, per i prodotti dell'infanzia. Queste cose per Berlusconi sarebbero state fuori dal mondo e avrebbe fatto il diavolo a quattro per bloccare questo aumento di tasse.

Il secondo: sì al garantismo. Berlusconi non è riuscito a fare una riforma organica della giustizia anche perché, sbagliando, ha inseguito misure *ad personam*. Ma è stato l'uomo che più di chiunque altro ha dovuto fronteggiare un incredibile numero di procedimenti giudiziari, senza precedenti nella storia repubblicana. «Come vittima della giustizia, in confronto a me Renzi è un dilettante» disse una volta. Aveva ragione. E anche quando è stato condannato, nell'unico caso in cui la sua condanna è passata in giudicato, le modalità di quella condanna lasciano numerosi dubbi.

Il terzo: la politica estera si fa stando a fianco degli Stati Uniti e della comunità occidentale senza incertezze – notevole il suo discorso a Washington in Campidoglio – ma non si perde mai occasione di dialogare. Berlusconi soffrì realmente per non essere riuscito a evitare gli attacchi alla Libia contro Gheddafi e la fine crudele del dittatore.

Come pure oggi Berlusconi farebbe di tutto per riavvicinare Putin all'Occidente, impresa francamente improba anche per uno come lui. Sono stato però testimone diretto del loro rapporto di amicizia. Il 17 ottobre 2014, come presidente di turno dell'Unione Europea, presi un'iniziativa assieme a Merkel, Hollande, Cameron e dopo un colloquio/via libera con la Casa Bianca. A Milano ospitammo in prefettura un vertice tra Putin e l'allora presidente ucraino Poroshenko con l'obiettivo di formulare un accordo di pace nell'area del Donbass, che riprendesse i termini dell'accordo dell'Alto Adige/Südtirol dove, come noto, la maggioranza di lingua tedesca vive con un regime di autonomia rafforzata all'interno dei confini nazionali italiani. La proposta dell'Alto Adige era interessante e poteva portare a un accordo di pace duraturo per il Donbass. Sfortunatamente le parti non si accordarono, debbo dire più per responsabilità – allora – della parte ucraina che della parte russa, la quale almeno a parole si era dimostrata più sensibile al suggerimento che avevamo avanzato. Ma quella mattina, arrivando con la mezz'ora classica di ritardo, alle 10 anziché alle 9.30, Putin era giunto in prefettura buon ultimo ma di ottimo umore. Io lo aspettavo in cortile come prevede il protocollo e appena arriva lo accompagno su per le scale. Mentre camminiamo mi dice: «Scusa il ritardo, ma ieri ho fatto tardi con il mio amico Berlusconi. Siamo andati a letto alle 6». Io mangio la foglia e sto zitto, aumentando il passo. «La prossima volta potresti venire anche tu con noi.» Me ne esco con una battuta che funziona: «Non posso, presidente. Non sono giovane come voi, io ho bisogno di andare a letto presto». Putin ride e incassa. Sul ruolo della Russia le idee di Berlusconi erano più vicine a quelle del suo avversario storico, Romano Prodi, che a quelle di Giorgia Meloni o Mario Draghi.

Il quarto punto dell'eredità politica di Berlusconi: l'Europa. Ancorare Forza Italia a una grande famiglia europea è stata una giusta intuizione di Helmut Kohl e José María Aznar. Perché così facendo hanno sottratto il neonato movimento ai rischi della contaminazione con le forze antisistema sparpagliate sul territorio continentale e hanno permesso a Berlusconi di avere una comunità politica di riferimento.

Alejandro Agag è stato uno dei testimoni e protagonisti di quella vicenda. Giovanissimo era stato il *chief of staff* di Aznar e poi era diventato segretario del Partito popolare europeo. E più volte mi ha raccontato come negli ambienti politici continentali si considerasse l'operazione Forza Italia-Ppe assolutamente strategica sia per la destra europea sia per la tenuta delle istituzioni italiane. Spassoso il racconto che Agag fa dell'incontro con l'avvocato Agnelli che, per primo tra i capitani d'industria, capisce l'importanza di spostare Berlusconi dal populismo alla conservazione europea e che dunque vuole sincerarsi personalmente della situazione convocando Agag a Torino per un caffè. Berlusconi aveva colto il punto nel momento in cui era uscito dalla terra di nessuno del populismo per entrare nel popolarismo. E se è vero che le due radici sono simili, la differenza è abissale. Questo è stato chiaro al Cavaliere che ha capito il sistema delle alleanze meglio di tanti suoi detrattori. Per questo mi ha fatto impressione vedere la Forza Italia di oggi evitare di schierarsi a favore del Mes, ma trovare una soluzione compromissoria, per non dire pilatesca, proprio sull'Europa. Favorevole al Mes decide all'ultimo minuto di astenersi per non rompere con la destra e la Lega.

Strizzare l'occhio al sovranismo, per me, comporta il tradimento del coraggioso gesto europeista di Silvio Berlusconi. Mi alzo in Aula e durante il dibattito sul bilancio lo dico con chiarezza. Il capogruppo di Forza Italia inizia a urlare, mi interrompe, mi insulta. Anche gli insulti? Sì, volgari e violenti. Questo gentiluomo dell'età contemporanea si chiama Maurizio Gasparri e già tale indicazione dovrebbe far riflettere chi vuole votare Forza Italia: se Gasparri è quello moderato, come sono di preciso gli estremisti? Perché fino a qualche anno fa chi votava Forza Italia eleggeva Berlusconi; oggi chi vota Forza Italia elegge Maurizio Gasparri. E la differenza si vede a occhio nudo, diciamo. Soprattutto sulle questioni europee che adesso andiamo ad approfondire

5

GLI STATI UNITI D'EUROPA

«Tutto respirava l'avvenire.»
ALEXANDRE DUMAS,
Il visconte di Bragelonne

L'Europa è stata la più bella avventura del ventesimo secolo. L'intuizione dei padri fondatori ha saputo mettere la parola fine a una guerra civile che da secoli insanguinava il continente. L'intuizione di partire dal carbone e dall'acciaio per proseguire, grazie al trattato di Roma, sulla strada dell'unione politica resterà a lungo nei libri di scuola. E il continuo percorso di allargamento che ha portato il nucleo di sei Paesi fondatori a raggiungere la quota massima di ventotto è il segno della capacità attrattiva che Bruxelles ha avuto nel corso dei decenni.

Oggi, però, non è più il tempo dei padri fondatori, tocca ai figli sognatori. Che devono saper sognare da svegli, perché l'Europa non può più essere la bella addormentata nel bosco.

L'Europa si è fermata nelle sabbie mobili della burocrazia. Non procede sulla strada di una più forte unione politica, non tocca palla sui principali dossier di politica internazionale. Per chi, come me, si sente cittadino europeo di passaporto italiano e di radice fiorentina, mettere nero su bianco un giudizio così impietoso da apparire brutale provoca dolore e amarezza. Purtroppo questa è la triste verità.

Facciamo uno sforzo per essere noi politici e non influencer. Se scoppiano tante guerre non è perché – come diceva Von Clausewitz – «la guerra è la prosecuzione della politica con altri mezzi», è vero casomai il contrario: la guerra è la negazione della politica. Molti dei conflitti scoppiati negli ultimi mesi dipendono anche dal disimpegno culturale e diplomatico della cara vecchia Europa. In Europa c'è la democrazia, e siamo felici anche se potrebbe essercene di più. In Europa c'è la burocrazia, e siamo perplessi perché dovrebbe essercene di meno. Ma in Europa non c'è la politica, sia nel funzionamento delle istituzioni sia nella proiezione estera.

Dov'è oggi l'Europa nella martoriata Terra Santa? Alle Nazioni Unite Bruxelles partecipa con tre voci divise su tutte le mozioni che investono il tema della Palestina: favorevoli, contrari, astenuti, copriamo l'intero arco. Ma non tocchiamo palla. Nei colloqui del 2022 tra Iran e Arabia Saudita ha giocato un ruolo cruciale la Cina. Nella gestione del post 7 ottobre si è finalmente fatta viva la Casa Bianca e il dipartimento di Stato con il bravo e volenteroso segretario Blinken. Abbiamo subito la decisione del ritiro dall'Afghanistan senza riuscire nemmeno a organizzarci. Non c'è alcun ruolo nel caos ecuadoregno, in Africa subsahariana svolge un ruolo sempre più marginale solo la Francia, il Sud-Est asiatico sembra una terra sconosciuta. Mentre invece in ogni passaggio, specie in quelli più oscuri, la Russia c'è, dimostrando che il presidente Putin non perde occasione per intervenire in tutti gli scenari di caos nel mondo. È la sua specialità, del resto, da tempo.

L'Europa? Non pervenuta. Gli incarichi di inviato speciale vengono gestiti col bilancino delle simpatie e della gratitudine, non sulla base delle idee e dei curriculum vitae. Pensare che Luigi Di Maio possa essere capace di rappresentare la speranza europea in quel devastato e devastante quadrante planetario è un'illusione inconsistente, anche e soprattutto per chi ne conosce le gesta. Niente di personale, sia chiaro. Ma in quella zona del mondo servono leader capaci, non influencer già scaduti.

Al momento in cui scrivo l'Europa sta ancora discutendo su come gestire la patata bollente del Mar Rosso. Per anni si è fatto finta di ignorare che la tenace guerriglia dei ribelli Houthi in Yemen – finanziati da Teheran e sospinti dall'estremismo islamico – stesse cercando di destabilizzare la colonna della sicurezza di quel mondo, vale a dire i Paesi riformisti arabi, a cominciare da Abu Dhabi e, dopo l'avvento al potere di bin Salman, anche da Riyad.

Per un periodo di circa cinque anni il numero di missili che sono stati lanciati dagli Houthi contro postazioni saudite ha battuto ogni record. In una cena a Riyad nel 2021 mi vennero mostrati dei numeri ai quali stentavo a credere: se cento è il numero dei missili che ogni anno vengono lanciati nel pianeta, mi dissero, più di novanta cadono sulle nostre teste. Lo ripeto: prima della guerra in Ucraina il numero di missili lanciati in tutto il mondo, a parte l'Arabia Saudita, era meno del 10% del totale. Insomma: un bombardamento senza tregua. Adesso gli Houthi hanno deciso di cogliere la palla al balzo degli attentati del 7 ottobre di Hamas, anch'essi finalizzati a bloccare la pace di Abramo tra arabi e israeliani, pace che sarebbe stata storica. E che avrebbe prodotto una svolta in tutto il Medio Oriente. Apro una parentesi: quella pace arriverà. Sarà la pace di Abramo come l'ha chiamata il suo costruttore, Jared Kushner e sarà la pace dei figli di Abramo come la chiamava profeticamente una persona ben diversa da Kushner, Giorgio La Pira. Ma arriverà. E a quel punto dovremo tutti impegnarci per lavorare per quel progetto che io continuo a sognare da anni e per il quale continuerò a spendermi: l'avvio delle relazioni diplomatiche tra Vaticano e Riyad.

Sono pochissimi i Paesi con cui la Santa Sede oggi non ha relazioni diplomatiche, tra questi c'è proprio il regime saudita. Costruire la pace nel mondo, fare politica senza la logica degli influencer, significa anche lavorare a tutti i livelli perché i canali diplomatici si attivino il prima possibile. E io sono orgoglioso di farlo, nonostante tutte le polemiche, perché sono convinto che l'Arabia Saudita stia giocando un ruolo decisivo e sono fiero di averlo capito prima di molti altri.

Torniamo agli Houthi. Che nel frattempo anziché bombardare l'Arabia Saudita e i pozzi petroliferi di Aramco – attività in cui avevano dimostrato una certa abilità – iniziano a bombardare i mercantili che percorrono il Mar Rosso per attraversare il canale di Suez. Rendere pericolosa la navigazione in quel tratto di mare significa rallentare o addirittura bloccare il flusso di merci tra Occidente e Oriente. Rischiamo di non avere più il gas dal Qatar e di non esportare i nostri prodotti agroalimentari. Mettiamo a rischio l'approvvigionamento di materie prima da Est e non consegniamo l'agognato made in Italy atteso in mezzo mondo.

Quando esplode la crisi del Mar Rosso si capisce innanzitutto perché – nel silenzio generale – qualcuno di noi chiedeva di sostenere le leadership riformiste arabe contro gli estremisti anche in Yemen. Lasciare quel tratto di navigazione in mano ai fondamentalisti significa mettere la crescita economica nelle mani dei terroristi. Chi conosce la realtà del traffico internazionale di merci sa quanto il blocco o il rallentamento nel Mar Rosso può impattare sul Pil globale. Ma sono statistiche da addetti ai lavori, non tirano per un post o un video virale. Roba da politici, non da influencer. Ed ecco perché non è un argomento che intriga l'opinione pubblica. Ma dalla sicurezza del Mar Rosso dipende la sicurezza economica dell'Europa.

E chi è che si prende la briga di andare a bloccare gli Houthi, a parte i Paesi arabi riformisti?

Ma è semplice: Stati Uniti d'America e Regno Unito.

L'Europa? Dorme.

Almeno questo è ciò che accade nella prima fase della crisi. Mentre scrivo leggo report di febbrili iniziative dei vari ministeri degli Esteri per studiare una linea comune. Ho un ricordo nitido e fastidioso di quanto tempo i leader europei perdano dietro al *wording*, vale a dire alla redazione del documento finale di una riunione, che spesso presenta un'attenzione maniacale alle singole parole. Ho frequentato quel palazzo per quasi tre anni, abbastanza per capire che nella trattativa furiosa per modificare un aggettivo del documento finale (e raccontare di conseguenza in conferenza stampa di aver vinto e piegato la resistenza degli altri Paesi) sta tutta la crisi dell'Unione Europea. Litighiamo sugli aggettivi e perdiamo di vista i sostantivi. O meglio perdiamo di vista la sostanza.

La realtà è semplice: dal Mar Rosso dipendono migliaia di posti di lavoro europei, limitiamoci a questo se non vogliamo fare riflessioni morali o valoriali. Rimaniamo sul pragmatico. Questa parte del mondo è cruciale per mantenere un certo livello di occupazione. Chi va a difendere il nostro interesse cercando di ristabilire la situazione? Americani e inglesi. E gli europei? Dormono.

Non può funzionare. O forse non può più funzionare.

Siamo sempre meno: neanche mezzo miliardo su otto miliardi di persone. Poco più del 5% della popolazione. Abbiamo ancora più del 20% del Pil mondiale, è vero. Ma è una percentuale in decrescita, mentre i Brics (Brasile, Russia, India, Cina, Sudafrica) non solo crescono, ma intendono allargare la loro sfera di influenza a un'altra decina di nazioni fuori dal tradizionale giro delle grandi potenze. E la conclusione è che i nuovi Brics rappresenteranno la vera alternativa all'Europa, e temo al G7, arrivando a superare il 40% del Pil mondiale. Spendiamo come europei quasi la metà di quanto si spende nel mondo per il welfare. E di ciò dobbiamo essere fieri: noi non lasciamo indietro nessuno. Ma il modello per cui siamo sempre meno, produciamo sempre meno e spendiamo sempre di più – anche perché aumenta la spesa pensionistica visto che viviamo più a lungo – semplicemente non funziona.

Abbiamo un'imbarazzante questione demografica. Riguarda l'Italia, certo, visto che nel 2022, per la prima volta, il nostro Paese ha sfondato in retromarcia il muro dei quattrocentomila bebè. Un collasso demografico che impressiona se pensiamo che ancora nel 2008 sfioravamo i seicentomila nuovi nati all'anno. Il crollo delle nascite dunque non si riferisce solo alla comparazione con l'Italia rurale del dopoguerra che cresceva negli anni del Boom. No, bastano gli ultimi tre lustri per comprendere il devastante andamento della curva nel nostro Paese. Ma se è vero che Roma soffre, non è che Bruxelles possa gioire. In tutto il continente assistiamo all'impietosa rappresentazione di nazioni che invecchiano (meno male), che non fanno figli (e qui solo male) e che mantengono lo stesso livello della popolazione solo per la massiccia presenza di immigrati. Pensate che mi riferisca a noi? No. Prendiamo, ad esempio, la Germania. Quando Giorgia Meloni e Matteo Salvini mi accusavano di aver "programmato" un'invasione di migranti sulle nostre coste, al fine di procedere alla "sostituzione etnica", era il 2015. Il numero di migranti arrivato in Italia nel 2015 con il governo Renzi è stato esattamente lo stesso, anzi leggermente inferiore, a quello di migranti giunti in Italia nel 2023: poco più di centocinquantamila persone. A rigor di logica dunque, se di invasione vogliamo parlare, hanno consentito l'invasione più loro di noi. Ma restiamo sulla Germania. Nel 2015 la Germania ha accolto più di un milione e duecentomila migranti, molti dei quali dalla Siria. E anche in questi ultimi anni Berlino ha aperto le porte a un milione di migranti all'anno provenienti soprattutto da Ucraina e Afghanistan. Cioè la Germania accoglie sei volte il numero dei nostri migranti. Guardate la popolazione tedesca in quella che corrisponde alla nostra scuola elementare: solo un bambino su quattro ha i nonni originari della Germania. Un bambino su quattro!

È in atto nel mondo un cambiamento che i sovranisti fingono di combattere, ma che è già avvenuto, molto prima che loro potessero accorgersene.

Purtroppo gli influencer della politica giocano sulla paura e dunque di questi temi non si può parlare con sufficiente tranquillità. Tuttavia è significativo notare come anche le altre grandi potenze mondiali sono alle prese con una riflessione strategica su questo dossier. La Cina ha interrotto troppo tardi la politica del figlio unico e oggi si trova paradossalmente a fronteggiare una crisi demografica che è più grave della crisi economica. La mancanza di ricambio generazionale è il problema che assilla Pechino ben più della bolla immobiliare scoppiata con Evergrande. Viceversa in Africa i numeri continuano a schizzare verso l'alto. La Nigeria sarà tra qualche anno, da sola, più popolosa dell'intera Unione Europea: un solo Stato africano più grande di tutto il continente. E il Congo si accinge a passare dagli attuali centotrenta milioni di abitanti a circa duecento, da qui al 2030, nel giro di sei anni. Ci rendiamo conto che la demografia non è una variabile secondaria nella gestione dei fenomeni mondiali?

La questione democratica non è da meno. Noi siamo fortunati a vivere in una zona del mondo che consente libere elezioni e il pieno godimento della democrazia. Ma l'idea stessa di democrazia è profondamente rimessa in discussione nella stagione che stiamo vivendo. Quando la mia generazione aveva vent'anni vivevamo in una sorta di entusiasmo collettivo per la fine della storia prima e l'esportazione della democrazia poi. Esportare la democrazia era la grande missione di alcuni presidenti statunitensi, come se il nostro modello di organizzazione istituzionale potesse, e dovesse, funzionare ovunque. Per esportare la democrazia si sono persino scatenate guerre, con risultati invero spesso controproducenti: si pensi su tutti al conflitto iracheno di inizio millennio. Ma l'insistita narrazione sulle primavere arabe e nordafricane ha mostrato che sostituire – anche con la forza – dittatori con elezioni democratiche ha portato all'aumento del terrorismo e dell'instabilità. Non si tratta qui di esprimere una valutazione etica, ma una constatazione pratica lampante e indiscutibile. La Libia di Gheddafi o l'Egitto di Mubarak non erano democrazie, tutt'altro. Ma ciò che è venuto dopo ha provocato il caos in Libia e la vittoria dei Fratelli Musulmani in Egitto. A distanza di anni la Libia continua a non trovare una propria fisionomia istituzionale stabile, mentre l'Egitto sotto la guida di al-Sisi ha recuperato stabilità solo nel momento in cui ha abbandonato le velleità democratiche all'occidentale.

Oggi non va più di moda parlare di esportazione della democrazia. Già difendere la democrazia dove ancora resiste sarebbe un passo in avanti. Ma per difendere la democrazia occorre accettare che cambiare le regole del gioco, innovarle, implementarle, consolidarle, non è figlio di una deriva autoritaria, ma, al contrario, è l'unico modo per evitare il decadimento della democrazia.

Si prenda l'esempio delle istituzioni europee. Non si può continuare con un condominio cacofonico come quello che porta il Consiglio, la Commissione, il Parlamento a lavorare in una cornice di esasperata burocrazia. Persino gli addetti ai lavori faticano a raccapezzarsi dentro un labirinto di regole e procedure che sfianca chiunque. Ecco perché per me serve l'elezione diretta del presidente della Commissione Europa. Serve una squadra di governo della Commissione che non sia fatta col bilancino, per cui ogni Paese ha un commissario a testa, nominato dal governo, ma una squadra in cui non si superino le venti unità, e questo vuol dire che alcuni Paesi avranno sempre un commissario – il sistema dei membri permanenti del consiglio di sicurezza delle Nazioni Unite può essere un modello – e altri dovranno fisiologicamente ruotare. Bisogna superare il diritto di veto consentito a singoli Paesi. De Gasperi e Adenauer, Kohl e Mitterrand non hanno costruito il sogno profetico dell'Unione Europea per rimetterne il destino nelle capricciose mani di un leader qualsiasi: non abbiamo fatto l'Europa unita per lasciare a Orbán il potere di decidere sul nostro futuro. Occorrono veri partiti transnazionali e liste in cui votare anche leader di altri Paesi. Ma per farlo serve un'opinione pubblica europea che al momento è ben lontana dal realizzarsi. Ecco perché uno dei miei sogni è quello di agevolare la creazione di player editoriali europei che competano con i colossi americani, arabi, cinesi. Se il mondo della comunicazione taglierà fuori l'Europa perché i nostri attori non saranno capaci di internazionalizzarsi non vi sarà alcuna speranza di creare una compiuta democrazia europea. L'esplosione dell'intelligenza artificiale richiede – a mio avviso – grandi soggetti editoriali capaci di combattere la battaglia per difendere la verità dalle fake e lasciare una concreta possibilità di attuazione al principio einaudiano del «conoscere per deliberare». Mi rendo conto che questi concetti sono discutibili e opinabili, ma soprattutto intraducibili in un reel che diventi virale o in un post che abbia molti like. Su questa partita, però, si gioca il futuro dei nostri nipoti o forse già dei nostri figli. E mi piacerebbe che ci fosse un'Europa in grado di giocare la partita. La logica della concorrenza ha paradossalmente portato le istituzioni europee a impedire la creazione di giganti continentali. Le nostre regole sulla concorrenza hanno di fatto consegnato l'acciaio agli indiani senza agevolare la creazione di un gruppo europeo capace di competere nel mondo. Insistere sui vincoli dell'antitrust ha prodotto la parcellizzazione nel settore della comunicazione. I pochi gruppi europei in grado di competere nel mondo dovrebbero essere aiutati dalle istituzioni europee e non indeboliti: perché se vengono indeboliti diventano semplicemente oggetto di conquista per i colossi planetari.

Mi sono chiesto: ma come posso fare a raccontare la mia idea di Europa in qualità di politico e non influencer?

Ho scelto una città che ha segnato la mia generazione, Maastricht. Sono andato in Olanda perché a Maastricht è stato firmato un trattato di fondamentale importanza poco più di trent'anni fa. Intendiamoci: la storia di Maastricht va oltre il vertice del dicembre 1991 e la firma del trattato del 1992.

Maastricht è una bella cittadina, con una buona università e con una grande storia. È lì che, il 25 giugno 1673, muore durante l'assedio il comandante dei moschettieri, il nobile francese Charles de Batz de Castelmore, più noto come d'Artagnan. Al di là della verità storica, il romanzo di Alexandre Dumas ci consegna una figura che è tra le icone della letteratura europea e dunque della vita di tutti noi. Perché la letteratura è vita, molto più e molto meglio del pensiero striminzito dei social di oggi.

Non nascondo che fin dall'inizio della mia attività politica ho sempre espresso il disprezzo per chi vive di ruffianeria e viltà. Cito le parole che Dumas mette in bocca a d'Artagnan mentre si rivolge al Re Sole: «Sire, scegliete! Volete degli amici o dei valletti? Dei soldati o dei ballerini che fanno la riverenza? Dei grandi uomini o dei pulcinella? Se preferite la bassezza, v'intriga la codardia, oh ditelo! Sire, noi ce ne andremo, noi altri che siamo gli unici rimasti, i soli esempi del valore d'un tempo. Scegliete, sire, e affrettatevi. Ciò che vi rimane dei grandi signori, servatelo, di cortigiani ne avrete sempre a sufficienza».

Maastricht dunque a me ricorda prima Dumas che l'euro. Ma non v'è dubbio che sia proprio il trattato qui siglato che ha permesso all'Europa di entrare in una sorta di fase due. Ed è per questo che scelgo questa città per tenere il mio discorso nel novembre 2023, il 9 novembre, giorno dell'anniversario della caduta del muro di Berlino.

Dopo la firma di Roma del 1957, Maastricht ha indicato alcuni obiettivi. È a Maastricht che si progetta l'allargamento: i leader europei che hanno firmato quel trattato come membri dell'Unione erano dodici e sono più che raddoppiati nel corso di qualche anno. Si disegna l'euro come moneta unica e tutti noi sappiamo che tipo di impatto strutturale questa scelta abbia prodotto nelle nostre vite di tutti i giorni. È a Maastricht che si riunisce un'Europa che immagina il futuro.

Il mondo nel quale i leader europei firmano Maastricht (per l'Italia ci sono Giulio Andreotti, Gianni De Michelis e Guido Carli) è profondamente diverso dal mondo di oggi. Il muro di Berlino è appena caduto, la separazione della ex Iugoslavia appena cominciata e ancora non si capisce fino in fondo quale immane carico di morte e disperazione viva questa parte dei Balcani, la Cina è un Paese alle prese con un devastante tasso di povertà che ha appena distrutto nel sangue la rivolta dei giovani di Piazza Tienanmen, la Russia archivia la stagione di Gorbacëv con Eltsin, nel Regno Unito si chiude la stagione di Margareth Thatcher e la nuova sinistra di Blair – e di Clinton oltreoceano – è ancora tutta da scrivere. L'Italia intravvede la fine della Prima repubblica, ma è un travaglio che non fa nascere molto di nuovo, anzi, la cosiddetta

Seconda repubblica prenderà larga parte dei vizi della Prima, senza purtroppo ereditarne tutti i pregi, almeno quelli legati alla qualità della classe dirigente. L'India è fuori dai radar della comunità internazionale e in pochi immaginano che parte delle aziende della Silicon Valley oggi sia di origine indiane e che nel 2023, nella competizione spaziale verso la Luna, gli indiani superino persino i russi che pure avevano con Gagarin mandato il primo uomo nello spazio nel 1961.

Quando i leader europei si ritrovano a Maastricht ci sono i primi telefonini, ma ancora non c'è internet. Si capisce che intorno al *www* stia per nascere qualcosa di grande, ma è tutto sfumato, poco chiaro, all'orizzonte. Le ricerche si fanno sull'enciclopedia, non su Google. Le cartine si controllano sulla mappa, non sul telefonino. Le rubriche sono cartacee, non digitali. Per inviare un messaggio serve il francobollo, non un clic. E per le foto serve il rullino, non l'iPhone. Andare in banca richiede tempo e spesso code, non una password la sera sul divano. E la tv ha una programmazione che non si può perdere, altro che piattaforme *on demand*.

Insomma non è solo la geopolitica a essere diversa, è la vita quotidiana che è totalmente cambiata. Anche nel modo di muoversi. Arrivano le compagnie low cost e si affermano destinazioni turistiche che sembrava impossibile prendere anche solo in considerazione. Se a un fiorentino dei primi anni Novanta avessero detto che la città di Dante sarebbe stata surclassata per flussi turistici non da Parigi o Londra o New York o dalla Bilbao che allora costruiva il Guggenheim o dalla Salisburgo che investiva meglio di noi sul festival musicale, bensì che la prima destinazione turistica sarebbe divenuta Dubai, penso che avrebbe reagito domandando all'interlocutore: «Ehi, ma cosa ti sei bevuto?»

Eppure è così. Segno evidente che il mondo cambia. E che chi progetta una strategia per il futuro, se ha tempo, visione, risorse e pazienza sul lungo periodo, vince.

Vado a Maastricht, allora. Entro nel palazzo della provincia che ospitò la firma del trattato. Mi soffermo su alcune immagini di quegli anni e provo a raccontare in un discorso video di quarantacinque minuti che cosa immagino per l'Europa da qui ai prossimi trent'anni. Carico il video poi su YouTube perché è giusto che sia accessibile agli appassionati, ma so che nessuno filerà questo lungo ragionamento come invece verrà seguito il reel contro Meloni o contro Conte.

E racconto il mio sogno, il sogno degli Stati Uniti d'Europa. il sogno di un'Europa guidata dalla politica e non dalla burocrazia. Il sogno di un'Europa basata sul superamento del diritto di veto e sull'aumento dell'importanza del voto, come detto. Ma anche basata su alcuni principi cardine.

Intanto l'esercito europeo. Sì, la difesa comune per me deve passare anche dalla creazione di un esercito europeo. Sarà una strada lunga e accidentata, lo sappiamo, ma è un percorso che non possiamo più rinviare. Intanto perché la Nato vive uno stato di profonda crisi da decenni. In un'intervista di qualche anno fa il presidente francese Macron utilizzò l'espressione «morte cerebrale» per fotografare lo stato dell'arte dell'Alleanza atlantica. Può sembrare paradossale e quasi figlio di un contrappasso dantesco, ma l'unico che è stato in grado di rilanciare la Nato, dandole nuova linfa e una prospettiva, è stato Putin. Se il leader russo non avesse commesso il tragico – e criminale – errore di invadere l'Ucraina nel febbraio 2022 la Nato sarebbe rimasta prigioniera della situazione di stallo in cui si trovava da lustri.

Serve l'esercito europeo, certo non in contrasto con la Nato, a maggior ragione se le elezioni americane del novembre 2024 dovessero riportare alla Casa Bianca Donald Trump. In più circostanze, sia durante la sua presidenza, sia negli anni successivi, Trump ha evidenziato come gli Stati Uniti non possano continuare a farsi carico dei costi per la difesa europea, riferendosi alla Nato e al mancato raggiungimento da parte della stragrande maggioranza dei Paesi membri dell'Alleanza atlantica della percentuale del 2% sul Pil da destinarsi alle spese militari. Una nuova vittoria di Trump sembrava impossibile dopo gli eventi del 6 gennaio 2021, improbabile dopo la sconfitta dei suoi più stretti pupilli nelle elezioni di *mid term* del novembre 2022, possibile nel 2023, probabile nel momento in cui scrivo. Incredibile è come il magnate americano sia riuscito a risalire la china sfruttando a proprio vantaggio persino i processi: la modalità con la quale egli abbia voluto e poi utilizzato la foto segnaletica di rito, necessaria dopo l'incriminazione per il tentato golpe nei giorni dell'insediamento di Biden, è già storia della comunicazione politica. E se una delle principali testate del mondo finanziario, l'*Economist*, continua a vedere nella vittoria del *tycoon* il più grave pericolo per il 2024, è anche vero che molte delle principali personalità americane hanno cominciato a fare i conti con l'ipotesi del bis. Uno dei banchieri più importanti del mondo, Jamie Dimon, capo di JP Morgan, l'istituto di credito più importante al mondo, ha già fatto capire che la narrazione monotematica sul rischio che Trump rappresenta a lungo andare non funziona. Nell'ultima edizione del World Economic Forum di Davos, Dimon ha detto: «I democratici devono avere più rispetto per gli elettori repubblicani di Trump. Chiamandoli *Maga people* [da Make America Great Again, N.d.R.] e attribuendo loro la stessa personalità, il carattere di Trump, rischiano di compromettere la rielezione di Biden. Siamo onesti, a volte l'ex presidente ha fatto anche cose giuste: sull'economia, la Nato, l'immigrazione, la Cina. La riforma delle tasse per le imprese ha funzionato. In tanti lo votano per questo».

Non condivido integralmente il pensiero del capo di JP Morgan, ma lo stimo molto e considero molto interessanti le sue valutazioni. L'Europa non può e non deve gridare «Al lupo» evocando il cataclisma in caso di vittoria di Trump. Deve piuttosto agire in anticipo. E il settore della difesa è il primo su cui invertire la rotta. Serve un grande accordo – anche commerciale – tra Francia, Germania e Italia. Serve rafforzare la dimensione delle nostre aziende del settore, coordinare gli interventi e gli investimenti, valorizzare luoghi e laboratori di ricerca comune. Vanno difesi i confini, certo, ma vanno anche allargati i confini a cominciare da quelli spaziali e sottomarini. In questi due settori, infatti, si giocherà una parte della leadership geopolitica della seconda metà del ventunesimo secolo. Noi che facciamo?

Il Mediterraneo è uno snodo decisivo per i cavi sottomarini e dunque per la sicurezza del mondo. L'Autorità spaziale europea ha risorse umane e qualità strategiche da giocare, ma, come ha detto Samantha Cristoforetti in un intervento pubblico, in questo settore o noi ci sediamo al tavolo o finiamo nel menù. Non è una battuta, ma una constatazione. E soprattutto un monito alla classe politica perché ragioni sul lungo periodo. Serve scrivere la storia, non farla su Instagram.

L'Europa deve cambiare passo sulla questione ambientale. A mio giudizio la strategia dell'ex vicepresidente della Commissione Frans Timmermans sul *Green Deal* europeo si è tramutata in un clamoroso autogol. L'ambizioso piano per decarbonizzare l'Europa – studiato dai burocrati di Bruxelles con regole ferree – ha visto aumentare le emissioni in Europa del 7% mentre nello stesso arco di tempo gli Stati Uniti con un atteggiamento meno burocratico e più liberale hanno ridotto le emissioni dell'11%. L'ideologia è stata sconfitta dalla realtà. E paradossalmente le norme di Timmermans hanno finito con l'indebolire le aziende europee a vantaggio di quelle indiane e cinesi, che notoriamente rispettano meno le prescrizioni ambientali.

Il messaggio dei leader europei in questi anni è stato un messaggio buono per i social, non per la politica. Dire «viva le auto elettriche» significa prendere consenso, ma se non costruisci una filiera industriale stai regalando ricchezza alla Cina e distruggendo un pezzo di competitività non solo tedesca. E la stessa cosa vale sulle rinnovabili, su cui si lanciano proclami, ma si sprecano opportunità. Non soltanto nessuno dei grandi cervelli della burocrazia continentale ha mai voluto prendere sul serio la sfida di costruire una *supply chain* in grado di far viaggiare insieme la sostenibilità ambientale e la sostenibilità sociale, ma non si è mai fatto un ragionamento strategico sulle connessioni energetiche, sia all'interno dei Paesi europei sia nei rapporti con il Nord Africa. Pensiamo soltanto a quello che potrebbero essere per l'energia solare e per l'idrogeno i collegamenti tra il deserto, i pannelli solari e gli strumenti del fotovoltaico, con le *pipeline*, i cavi e l'Europa del Sud.

Oggi noi abbiamo un sistema in cui le rinnovabili non riescono a coprire l'intero fabbisogno e in Italia, in particolar modo, sappiamo come le rinnovabili siano bloccate da una burocrazia talvolta miope e assurda come quella delle sovrintendenze. Se noi riuscissimo a immaginare un diverso dialogo tra Sud dell'Europa e Nord Africa sulle questioni energetiche, non solo per il petrolio o per il gas, ma anche per le rinnovabili, scriveremmo una pagina nuova e dimostreremmo che si può essere per una transizione più giusta, meno ideologica di quella che qualche commissario ha voluto, anche in questi anni, con l'European New Deal: potremmo riuscire a fare della lotta contro il *climate change* un modello non ideologico, ma pragmatico.

In questo settore mettere la palla al centro significa rifiutare l'ideologismo di chi dice che il *climate change* non esiste e pensa di poter continuare a far finta di nulla, in attesa che gli eventi accadano e il metaforico asteroide del riscaldamento climatico ci colpisca. Ma significa rifiutare anche l'ideologismo – uguale e contrario – di chi si ritiene in missione per conto di uno strano dio che suggerisce di imbrattare opere d'arte o di bloccare le ambulanze sul Grande raccordo anulare. È investire sul nostro principale *asset* che è l'innovazione tecnologica, non ideologica, che ci permette di migliorare la gestione delle risorse, evitare gli sprechi, costruire una decarbonizzazione credibile puntando sul nucleare di nuova generazione, testare tutte le opportunità, dall'idrogeno al riciclo, utilizzare il gas finché ne abbiamo bisogno, liberando le rinnovabili dai veti, dai lacci e dai lacciuoli.

Mettere la palla al centro sull'ambiente significa rifiutare il menefreghismo miope da un lato e l'ideologia del terrore dall'altro. Farlo significa perdere follower, ma guadagnare serietà.

L'Europa dei prossimi trent'anni accoglierà Tirana e altri paesi dei Balcani. Sottovalutare le tensioni in questa parte del mondo è sempre un errore, come dimostrano, *in primis*, le vicende che portarono allo scoppio della Prima guerra mondiale, ma anche il secondo dopoguerra e il massacro indecente degli anni Novanta del secolo scorso.

L'Europa dei prossimi trent'anni accoglierà Kiev, e speriamo che avvenga il prima possibile. La mia tesi sul conflitto tra Russia e Ucraina è sempre stata chiara: è giusto inviare armi agli ucraini perché, se smettiamo di inviare armi, l'Ucraina smette di esistere. E se sono stato testimone diretto delle responsabilità anche ucraine nella mancata implementazione degli accordi di Minsk, non ho mai avuto dubbi sul fatto che la scelta russa del febbraio 2022 di invadere i vicini abbia spostato la bilancia della colpevolezza in modo definitivo sul regime di Putin. Avere dunque una idea precisa sulla responsabilità e agire di conseguenza in sede parlamentare non significa non lavorare alacremente perché la diplomazia faccia comunque il proprio lavoro.

Sono incredibili i giudizi di coloro che dicono: «Mentre c'è una guerra non c'è spazio per un'iniziativa diplomatica», perché la diplomazia serve anche e soprattutto quando si spara. Creare le condizioni per la pace, per un dialogo, per una ripartenza ovviamente è molto più difficile durante un conflitto, ma è quello che da sempre fanno i grandi statisti. A meno di non voler pensare che questa guerra possa finire con la distruzione dell'Europa o della Russia, cosa che qualche esperto analista inizia a paventare, immaginando che la guerra continui per anni fino a deflagrare oltre i confini di oggi. Ma questo fa capire quanto serva un'Europa capace di iniziativa in politica estera. Il giorno in cui ho annunciato il mio voto favorevole all'invio delle armi all'Ucraina ho chiesto che Bruxelles nominasse uno *special envoy* per tenere aperto un canale diplomatico, individuando due ex capi di governo, Angela Merkel o Tony Blair, come soggetti in grado di godere del rispetto di entrambe le parti in conflitto. Due anni dopo l'inizio delle ostilità appare sempre più chiaro che senza un'iniziativa diplomatica non andremo da nessuna parte e il mondo rischierà l'accensione di ulteriori focolai di tensione. Anche per questo sarà necessario, nel prossimo passaggio del voto europeo, a giugno 2024, che le caselline degli incarichi istituzionali siano attribuite non solo sulla base dell'appartenenza partitica, ma anche sulla base della qualità delle proposte. Serve un alto rappresentante per la politica estera credibile, serve una guida di Parlamento, Consiglio e Commissione che si preoccupi meno dei video sui social e più delle ricadute storiche di ciò che Bruxelles decide. Serve la politica.

Anche perché, se facciamo le scelte giuste oggi, l'Europa dei prossimi trent'anni riaccoglierà anche il Regno Unito. Non so se definire questa mia frase una convinzione o una speranza. Ho vissuto sveglio, nel letto al terzo piano di Palazzo Chigi, la nottata della *Brexit*. Non credevo ai miei occhi, mi sembrava un film assurdo. Era la realtà, purtroppo. E se è vero che da alcune scelte legate alla *Brexit* l'Italia ha trovato il modo di guadagnarci – si pensi alla legge per attrarre capitali nata nel mio ufficio proprio la mattina dopo il referendum britannico, che ha portato migliaia di benestanti a trasferirsi in Italia con un incremento della ricchezza diffuso soprattutto a Milano – i cittadini inglesi non possono dire altrettanto. Proprio a inizio del 2024, citando uno studio indipendente, il sindaco di Londra Sadiq Khan ha mostrato come gli abitanti della capitale abbiano perso 3.400 sterline all'anno a causa dell'uscita dall'Ue, la città 30 miliardi e il Paese 140. Sono cifre impressionanti. E io sono convinto che con questi dati e con un nuovo governo laburista le cose inizieranno a cambiare. Anche perché, se non prova a rientrare in Europa il Regno Unito, potrebbe farlo da sola la Scozia. Molti dimenticano che se per un pugno di voti il Regno Unito è uscito dall'Europa è stato anche per un pugno di voti, qualche mese prima, che la Scozia è rimasta con Londra, nel referendum del 2014. La mia opinione è che o rientra il Regno Unito o si porrà di nuovo la questione scozzese. Fa sorridere intanto, ma è anche il segno dei tempi che cambiano, pensare che in questo momento alla guida dei due governi vi siano due personalità di origine l'una indiana e l'altra pachistana. Settantacinque anni fa Londra decideva (o forse è meglio dire: contribuiva a decidere) il futuro di India e Pakistan. Adesso un primo ministro di origine indiana, Rishi Sunak, risiede al 10 di

Downing Street, mentre a Edimburgo governa un primo ministro di origine pachistana, Humza Yousaf.

Chissà cosa avrebbero detto le grandi personalità del secolo scorso di un simile scherzo della storia. Chissà quale battuta tirerebbe fuori dal cilindro il mago dell'oratoria Winston Churchill, che peraltro ben conosceva quella zona del mondo. Chissà cosa avrebbero scritto il mio amato Chesterton oppure Orwell davanti a un simile paradosso. Il dato inoppugnabile è che il mondo è cambiato. E si tratta ora di immaginare quello di domani, non di rimpiangere quello che non c'è più.

Molte delle cose che ho detto a Maastricht per l'Europa in realtà tirano in ballo anche la politica interna. Si tratta cioè di capire quale progetto abbiano anche sul Belpaese i politici che non vogliono abdicare davanti alle proprie responsabilità e diventare influencer come tutti. Forse vale la pena di rimettere la palla al centro anche nel dibattito pubblico italiano.

6

LA PATRIA DEL TALENTO

> «Godo in sovrappiù a provarci che a farcela. Adoro l'incompiuto.»
>
> LEONARDO DA VINCI

Io amo visceralmente l'Italia. La considero un Paese benedetto e mi ritengo un patriota, un patriota della bellezza: quello che abbiamo noi è tecnicamente unico al mondo. Conosco per rapporti diretti l'amore che molti cittadini del mondo hanno per la nostra nazione. E sono fiero di ospitare i miei amici, di accoglierli quando vengono qui, di chiacchierare con loro dopo la visita a un museo, in un'accogliente trattoria. Ma non voglio che diventiamo solo il posto per qualche weekend lungo di magnati asiatici o sudamericani. E nemmeno statunitensi o mediorientali. Ho un'ambizione più grande che essere il parco dei divertimenti per ricconi annoiati o per turisti curiosi.

Noi siamo l'Italia, perbacco. Non siamo la Disneyland del mondo.

Questo non significa costruire dei muri e inneggiare al sovranismo, tutt'altro.

La globalizzazione non si ferma. È come il vento della canzone di De André: voi non avete fermato il vento, gli avete solo fatto perder tempo.

I sovranisti, alla globalizzazione, non sono riusciti nemmeno a farle perdere tempo.

Viviamo in un mondo totalmente interconnesso e comunicante, ma tutto ciò è lungi dall'essere un problema, è la nostra più grande opportunità.

Un Paese che ha solo sessanta milioni di abitanti che parlano la sua lingua, ma ha otto miliardi di persone potenzialmente innamorate della sua bellezza, è il Paese che può guadagnare più di tutti dalla globalizzazione. Io voglio un Paese in grado di vincere la sfida della globalizzazione esportando la grande bellezza dei nostri prodotti.

E se l'Italia è un incredibile scrigno di bellezza e un museo a cielo aperto – espressione abusata, ma meravigliosamente vera – voglio che sia anche un laboratorio, un centro di ricerca, un luogo di emozioni.

Lo sviluppo dell'intelligenza artificiale porta molti pensatori a temere per il futuro. Del lavoro, *in primis*.

Sì, lo so. Per i più pessimisti in gioco non c'è semplicemente la qualità del lavoro di domami, ma il futuro stesso dell'umanità perché lo sviluppo dell'intelligenza artificiale potrebbe portare – sul lungo periodo – a creare una minaccia esistenziale. Nulla di nuovo, per gli amanti del cinema, rispetto alla grande questione antropologica che Ridley Scott poneva in quel capolavoro assoluto che è *Blade Runner*. Era il giugno 1982 quando compariva per la prima volta sugli schermi americani. Ma ancora oggi, dopo più di quarant'anni, è questo film – tratto da un libro di Philip Dick, *Ma gli androidi sognano pecore elettriche?* – che aiuta a entrare nell'enigma del rapporto tra uomo e macchina. A dimostrazione che niente spiega un concetto meglio dell'emozione della cultura e del linguaggio del cinema. Andrebbe mostrato in loop nelle scuole il dialogo in cui il protagonista, il replicante Roy, prima chiede: «Voglio più vita, padre» all'ingegnere che lo ha programmato, salvo poi ucciderlo quando si rende conto che non è possibile fare niente per salvarlo; e poi il celebre dialogo «Ho visto cose che voi umani...», giusto qualche istante prima di morire salvando, in modo imprevisto, la vita al «nemico» Deckard. Perché lì sta il dilemma esistenziale sui potenziali rischi dell'intelligenza artificiale. Chi mette il limite? Dov'è il limite? Questo è il grande tema filosofico che inquieta e affascina il pensiero di tutti.

Ma se i temi escatologici rimangono sullo sfondo e costituiscono il cuore di una riflessione profonda, angosciante e allo stesso tempo bellissima, è l'impatto dell'intelligenza artificiale sul mondo del lavoro che rappresenta oggi la più grande opportunità e il più rilevante interrogativo per i gestori della cosa pubblica. In molti dicono: siamo preoccupati perché l'intelligenza artificiale distruggerà milioni di posti di lavoro. Ma è sempre stato così, ogni innovazione ha prodotto uno sconquasso nell'organizzazione professionale precedente. Il punto non è quanti posti di lavoro saranno distrutti, ma quanti e quali saranno i settori nei quali si creeranno nuovi posti di lavoro. Perché le stime più interessanti ci dicono che due bambini su tre che vanno adesso in prima elementare faranno domani un lavoro che oggi non esiste. Questa è la vera rivoluzione che ci attende, più capillare della Rivoluzione industriale. Non è un'epoca di cambiamenti: è un cambiamento d'epoca.

E allora occorre rimettere in discussione tutti i tabù. Altro che sterili e miopi referendum sul JobsAct: qui non ci sono battaglie di retroguardia da combattere, ma piuttosto ci sono da scrivere, tutti insieme, le regole del gioco per domani. Ha un senso ridurre l'orario di lavoro? Quando, all'inizio della scorsa legislatura, un amico imprenditore e deputato propose di introdurre la settimana corta per dare ai lavoratori tre giorni pieni di riposo e solo quattro di lavoro, a parità di stipendio, lo guardai perplesso: tutte le indagini sulla produttività dicono che dobbiamo lavorare di più e meglio, in Italia. Gli dissi a brutto muso: «Ma sei impazzito? Questa proposta può venire dai sindacati, non da un imprenditore come te». Lui mi risposte: «Vedrai che questo è il futuro. Io ho un'azienda e so che mi costerà. Ma è l'unica soluzione per il domani, vedrai». Gli esempi positivi delle prime aziende che hanno introdotto la settimana corta – a cominciare da Luxottica – dimostrano che probabilmente quella è la strada.

Ma non c'è solo un tema di come lavorare di meno: c'è un problema enorme di salari.

Gli influencer parlano di salario minimo perché nella battaglia sul salario minimo c'è un surplus di valore etico: hai visto come sono bravi loro? Parlano di salario minimo perché si occupano dei poveri. Ci torneremo nel prossimo capitolo parlando dei Cinque Stelle: occuparsi dei poveri non significa dare un sussidio, ma creare lavoro. Garantire una sanità efficiente e tempestiva, realizzare le infrastrutture necessarie a cominciare da quelle educative, migliorare la qualità della vita nelle periferie a cominciare dalle case popolari. Questa è la vera battaglia contro la povertà. Invece si vuol fare credere che sia sufficiente una misura spot, sia essa il reddito di cittadinanza o il salario minimo, per risolvere il problema.

E così finisce che nessuno di noi si è accorto dell'elefante nella cristalleria: non è il salario minimo il nostro problema, ma il ceto medio. Perché il ceto medio sta sparendo e nessuno dice mezza parola. Ho fatto il presidente del Consiglio dei ministri dieci anni fa e la prima misura che promossi fu quella degli 80 euro. Tante furono le ironie, ma oggi tutti riconoscono che fu una misura giusta per dieci milioni di persone, per dare un sollievo e aiutare a vivere meglio. Quegli 80 euro al mese arrivavano in un momento di deflazione: il costo della vita non aumentava e il mio governo rispettò il patto d'onore di non aumentare le tasse. Oggi il ceto medio sta saltando.

Non è un problema solo italiano, intendiamoci. Anche perché l'inflazione in questi mesi ha picchiato duro in tutto il mondo, da noi di più anche in ragione dell'aumento spropositato di alcuni prezzi dopo l'autogol galattico del superbonus 110% che ha scombussolato i prezzi di tutto il settore edile. Il ceto medio sta soffrendo. E nessuno se ne accorge.

Se aumenti le accise sulla benzina, se aumenti l'Iva sui pannolini, se aumenti le tasse sulla casa, stai mettendo in ginocchio il ceto medio. E se la sanità non ti dà risposte sul breve periodo costringendoti a tirare fuori soldi non rimborsati per andare nel privato, allora la forbice tra chi sta bene e chi sta(va) bene si fa ancora più pericolosa. E se i tuoi figli vogliono andare all'estero per un master e non possono perché non riesci ad aiutarli finanziariamente, la frustrazione diventa padrona della tua mente.

La politica ha fatto show strepitosi sul salario minimo. Le opposizioni della sinistra radicale hanno presentato un testo che prevedeva l'introduzione del salario minimo con aumento contestuale di tasse: la proposta di Giuseppe Conte e altri, infatti, firmata anche da Pd, Azione e sinistra, prevedeva all'articolo 7 l'introduzione in legge di bilancio di un fondo per restituire alle imprese i costi del salario minimo. Che è un modo per dire: l'aumento dello stipendio minimo lo pagano le tasse del ceto medio. Ma, come dicevo prima, il ceto medio sta saltando.

In Italia si dibatte del salario minimo perché parlare di povertà fa sentire a posto la propria coscienza. E i media ritengono cool chi si ingaggia su questo mentre il tema della classe media interessa meno. Le battutine che hanno accompagnato gli 80 euro vanno esattamente in questa direzione.

E tuttavia nell'evento di Davos 2024 è stato Emmanuel Macron a dire meglio di tutti che senza un intervento sul ceto medio non ci sarà mai stabilità in Europa. «Adesso una persona che è intervenuta mi ha detto: come possiamo avere più stabilità in Europa? E io gli dico semplicemente: aiutateci a restituire speranza al ceto medio. Perché tutte le democrazie sono in crisi in Europa e altrove? Perché le classi medie e popolari non sono più felici come prima. Non è solo un problema dei dirigenti, è un problema di tutti i corpi costituiti e vostro, delle imprese. Dobbiamo cambiare il modello costituito, vista la rivoluzione che stiamo vivendo. E dobbiamo creare più posti di lavoro meglio pagati. Abbiamo messo molti soldi pubblici per il Covid, anche sulle imprese. Adesso serve un'agenda settata sul lavoro ben pagato: questa è la chiave dell'Europa sociale. Sono un ottimista: possiamo farcela se saremo capaci di essere lucidi e ambiziosi.»

Lucidi e ambiziosi: la classe dirigente italiana – dai partiti ai sindacati, dalle imprese alle associazioni di categoria – ha chiaro che questo non è un problema, ma qual è il problema?

Noi stiamo avanzando delle proposte nel vuoto generale. Penso che sia arrivato il momento di dire con forza che qualsiasi centesimo venga messo in busta paga in più da un imprenditore per un suo dipendente – a qualsiasi titolo: straordinario, quattordicesima, welfare aziendale, partecipazione agli utili, a qualsiasi titolo – debba essere totalmente detassato. Non servono misure specifiche, studiate dal commercialista, riviste dal fiscalista, vagliate dall'avvocato, approvate dal sindaco, rimuginate dal *board*. Serve un messaggio di libertà semplicissimo: su tutto quello che l'imprenditore mi mette domani in busta paga in più rispetto a oggi, su tutto, io non pago un centesimo di tasse, l'imprenditore non paga un centesimo di tasse. Lo Stato guadagnerà con l'aumento del gettito Iva, perché io lavoratore spenderò quei soldi in prodotti. Lo Stato guadagnerà spendendo meno di sussidi e aiuti. Ma lo Stato deve star fuori dall'aumento dello stipendio, che è fondamentale per dare respiro alla classe media che sta soffocando. La dico in modo provocatorio e chiaro: si tratta di un'operazione che punta a legalizzare quello che una volta si chiamava fuori busta. Ti do duecento euro in più alla fine del mese, ma te li passo in nero così il fisco non ti fa scattare lo scaglione successivo e io non ci devo pagare ulteriori tasse.

E lo Stato deve porsi il problema di tagliare gli sprechi.

Noi passiamo da un eccesso all'altro seguendo le mode del momento, da bravi influencer.

Sono sconvolto dal fatto che Giorgia Meloni spenda per Palazzo Chigi 21 milioni di euro, quando nel 2015 io spendevo 12 milioni di euro. Se i salari fossero aumentati tutti come la Meloni ha fatto lievitare i costi del suo staff, non avremmo un problema di ceto medio. Qualcuno dice che criticare questo è populismo. No, non è populismo chiedere di essere sobri nelle spese. Come non è populismo chiedere che i comuni non usino gli autovelox come bancomat – la mia Firenze, purtroppo, su questo è stata la peggiore d'Italia –, ma come strumento per migliorare la sicurezza stradale. Come non è populismo chiedere che limitare gli staff dei ministri sia un'esigenza etica e non una richiesta anticasta.

Ci attendono anni duri. Abbiamo vissuto un biennio miracoloso per la finanza pubblica: l'alta inflazione ha alzato le entrate fiscali e svalutato il debito. I folli bonus edilizi hanno aiutato a dare una fiammata al Pil senza creare subito debito aggiuntivo, ma ci accorgeremo presto che il fuoco si spegne e il debito rimane. Abbiamo preso dal Pnrr più soldi di quelli che abbiamo effettivamente speso e questo ci ha permesso di rinviare le esigenze di finanziamento nel 2023. Ma fin da quest'anno la musica è destinata a cambiare e la ruota girerà nel senso opposto. In economia non ci sono pranzi gratis, il costo del debito pubblico è in salita, il 110% si farà sentire, le nuove regole del patto di stabilità si faranno sentire.

In occasione di una sessione parlamentare mi metto a fare due chiacchiere con il ministro Giorgetti. Gli dico: «Amico mio, solo con il patto di stabilità appena firmato devi trovare 18 miliardi». Mi dice: «Hai fatto male i conti, devo trovare solo 12 miliardi». Replico: «Non mi torna, ma da italiano me lo auguro. E comunque sempre 12 miliardi sono. A questi vanno aggiunti almeno un'altra quindicina di miliardi per confermare le misure di quest'anno che avete finanziato *una tantum*». E Giorgetti: «Lo so, fammi un favore: non me ne parlare. Ci penserà chi farà il ministro». Come dire: io lascio. Ma lo conosco troppo bene, quando fa così il leghista sta recitando un copione.

Ammiro di Giorgetti una straordinaria resilienza. Nel primo Consiglio dei ministri del Conte 1 disse che avrebbe regalato a tutti i ministri una foto mia per dire: «Occhio, che rischiamo di fare la fine Renzi». Non fecero neanche l'inizio di Renzi. Era il governo del reddito di cittadinanza, Giorgetti era sottosegretario alla presidenza, tenevano la mia foto perché volevano ricordarsi di durare cinque anni: dopo un anno erano già a casa. Capita. Giorgetti è stato poi ministro allo Sviluppo economico con Draghi e ministro dell'Economia con Meloni. Uno che riesce a stare al governo con Conte, Draghi e Meloni è capace di resistere a tutto. Anche alle difficoltà finanziarie dei prossimi anni. Non mi preoccupa Giorgetti, insomma, ma i suoi colleghi che sembrano vivere su Marte.

Prendo ad esempio il cognato d'Italia, Francesco Lollobrigida, ministro dell'Agricoltura. Anzi della Sovranità alimentare. O di qualcosa del genere: hanno cambiato i nomi. Per esempio hanno introdotto il ministero del Merito, che per un governo che promuove i cognati è comunque una sfida culturalmente interessante. Lollobrigida ha un settore strategico: Pasolini diceva che «il giorno in cui questo Paese perderà contadini e artigiani non avrà più storia». Non so quanto Lollo abbia letto Pasolini. Sicuramente ha letto – anzi ha scritto – una legge di bilancio in cui aumenta le tasse ai contadini, ai coltivatori diretti, agli agricoltori. E lo fa senza tagliare le spese, anzi, incrementando le spese per lo staff. Insomma aumenta le tasse ai contadini, ma paga di più la sua segreteria. Sperando che qualcuno, dello staff, controlli meglio gli orari dei treni per evitare di far fermare i Frecciarossa a Ciampino, come accaduto – in spregio a tutte le regole – nel novembre 2023.

Non è banale il tema della pressione fiscale. Diventato premier, lavoro insieme al ministro Martina a un pacchetto di tagli fiscali storici per l'agricoltura. Lo annunciamo all'Expo 2015, a Milano, perché ci sembra il modo migliore per dare solidità al pacchetto di proposte avanzate proprio in sede di Expo sulla sostenibilità ambientale e agricola. Tagliamo l'Irpef, l'Irap, l'Imu al mondo agricolo: oltre un miliardo e duecento milioni di tasse in meno. Arriva Lollobrigida, accolto come una star dagli agricoltori, e la prima cosa che fa è reintrodurre l'Irpef per chi lavora la terra. Si tratta di un aumento di gettito per il bilancio statale limitato – appena 248 milioni di euro –, ma per un contadino è tanta roba. E soprattutto è un principio: con la Meloni si aumentano le tasse che con Renzi si sono tagliate. Sarà per questo che Giorgia vuole fare un dibattito con tutti tranne che con noi?

Evocare la palla al centro significa abbassare le tasse in silenzio, come abbiamo fatto noi, in un mondo in cui la destra sovranista schiera i suoi influencer a proporre una *flat tax* che non si farà mai e in cui la sinistra populista ha i suoi influencer che sognano una patrimoniale che non si farà. Gli uni hanno la coperta di Linus della *flat tax*, gli altri della patrimoniale. E noi, nel mezzo, a dire che rimettere la palla al centro significa abbassare davvero le tasse, tagliare gli sprechi, dire allo Stato: stai fuori dagli aumenti della busta paga, lascia fare a imprenditori e lavoratori che senza l'oppressione del fisco lavorano meglio.

Torniamo all'intelligenza artificiale. Come può l'Italia della bellezza affrontare la sfida che la rivoluzione tecnologica *in fieri* porterà anche al mondo dei musei e della cultura? Con la realtà aumentata ti sembrerà di immergerti nel mondo del Rinascimento e vedere tutti i dettagli della *Primavera* del Botticelli, anche semplicemente collegandoti con una buona connessione internet da uno sperduto villaggio del Connecticut. È dunque finito il tempo delle grandi città d'arte? Penso che sia vero il contrario. Più si diffonderà l'intelligenza artificiale, più ci sarà bisogno di emozioni autentiche. Quella che gli americani chiamano *experience* avrà un valore doppio. E l'esperienza della realtà aumentata non sostituirà, ma preparerà l'esperienza fisica.

E allora anche la politica deve fare il salto di qualità. E rimettere l'educazione al centro del dibattito, la scuola al centro del villaggio, la cultura al centro del futuro.

Io sono straordinariamente ottimista. L'intelligenza artificiale ci aiuterà a curarci meglio, ci aiuterà a sconfiggere tumori prima letali, ci permetterà di evitare di sprecare risorse e materie prime, ci garantirà un livello di qualità di vita migliore e di lavorare con minore stress. Ma nessun investimento sull'intelligenza artificiale funzionerà se non investiremo anche sull'intelligenza naturale. Fare il professore deve tornare a essere una vocazione, certo, ma anche un lavoro ben pagato.

Un maestro, un insegnante, un educatore oggi sono nella scala del rispetto sociale ai posti più bassi – e non in cima, come è sempre stato e come dovrà tornare a essere – perché noi genitori nati negli anni Sessanta/Settanta/Ottanta abbiamo esagerato con i nostri figli – è vero – permettendo loro tutto. Talvolta anche schierandoci a prescindere dalla parte dei figli e non dei prof, mentre quando eravamo piccoli noi se succedeva qualcosa in classe i genitori davano ragione ai professori, non giustificavano i ragazzi. Ma un maestro, un insegnante, un educatore oggi sono ai posti più bassi nella scala del rispetto sociale anche perché il loro stipendio è uno stipendio troppo basso per l'alta funzione educativa che svolgono. Aver voluto livellare tutti, senza premiare i più bravi – ricordate le polemiche contro la nostra proposta di inserire una valutazione di merito nella Buona Scuola? –, ha concorso a esasperare un abbassamento del livello economico assurdo e ingiusto. Dare più soldi *in primis* ai professori più bravi anziché fare piccoli aumenti a pioggia: non è facile, lo so, perché ci sarà sempre una polemica su chi giudica.

Ma per me questa è una priorità, accanto agli investimenti sugli edifici scolastici. Con l'unità di missione sull'edilizia scolastica abbiamo prodotto una minirivoluzione in questi dieci anni. L'occasione del Pnrr potrebbe consentire di fare di più e meglio se solo si concentrassero gli sforzi in una dimensione progettuale di medio periodo che tenga conto della crisi demografica impressionante. Anche perché la scuola è il primo posto in cui si combatte il rischio di alienazione e separatismo che ha colpito alcune periferie europee con riguardo agli immigrati di seconda generazione. Non possiamo permetterci il fallimento educativo delle *banlieue* o di Moelenbeck, il quartiere belga tristemente noto perché epicentro e casa di molti giovani terroristi senza pietà, tra i quali quelli del Bataclan. A scuola si impara a vivere prima che a conoscere. A scuola dobbiamo riportare il teatro italiano, la bellezza della lingua, la cultura del cinema, il mistero della musica. Perché solo educando le nuove generazioni – anche e soprattutto chi non ha radici qui – che manterremo viva la straordinaria unicità che fa dell'Italia un posto unico al mondo: la cultura.

Noi abbiamo agito con alcuni strumenti, a cominciare dagli investimenti per i ragazzi con la 18App, dalla parte dell'offerta: offrire un'opportunità per entrare in una libreria, in un museo, in un teatro. Perché la scintilla potesse scattare e la vita di quel diciottenne cambiare, come solo un'opera d'arte può farti cambiare. Per vivere l'emozione della cultura che è in grado di alimentare le tue domande di senso e di colmare, talvolta, il tuo bisogno di significato. Ma la scuola può e deve lavorare nel campo della domanda. Se investiamo nella scuola di domani in modo massiccio sul teatro, sul cinema, sulla musica, non scopriremo probabilmente un Mozart bambino, ma risveglieremo in tante giovani vite il gusto di avere bisogno di qualcosa di bello. Diventerà una loro esigenza, non un progetto di marketing.

E a quel punto qualsiasi direzione di marcia prenda il torrente impetuoso dell'intelligenza artificiale – che nei prossimi anni diventerà fiume e poi mare – aver educato al bello e aver dato gli strumenti per riconoscere il bello permetterà alla nuova generazione di vivere con l'intelligenza artificiale un rapporto dialettico e non subalterno.

Nel mondo degli algoritmi dobbiamo risvegliare la fantasia.

Nel mondo dell'intelligenza artificiale dobbiamo combattere la stupidità naturale, quella del populismo, quella della mediocrità, quella dell'inerzia.

Ho sempre vissuto come un dovere quello di articolare la mia azione politica sulla cultura in un orizzonte più ampio rispetto a quelli che teorizzavano l'assurdo morale del «Con la cultura non si mangia». Mettere le risorse culturali nella voce «spese» e non nella voce «investimenti» significa avere un'idea di società tecnocratica e misera: con questo sguardo non si salva il bilancio dello Stato, ma soprattutto non si salva il futuro del Paese.

Per questo nelle ore successive a una delle più forti ondate terroristiche della storia recente, nel novembre del 2015, avvertii il bisogno di esprimere la mia idea «Un euro in cultura, un euro in sicurezza» sia nella sala Giulio Cesare del Campidoglio, laddove era stato firmato il trattato istitutivo dell'Unione Europea, sia all'università Sorbona di Parigi.

La cultura non serve solo a mangiare, perché crea tanti posti di lavoro. E con l'intelligenza artificiale aumenteranno: saranno necessari filosofi, letterati, artisti, più di quanto siano necessari oggi, vedrete.

La cultura non serve solo a nutrire l'anima, cosa che i contabili delle spese fingono di non capire quando sono davanti alle colonne di Excel, ma che sanno bene quando sono soli davanti alle Colonne d'Ercole della loro anima.

La cultura serve anche a difendere l'identità di un popolo. Che non è mai un concetto statico. L'identità non è data una volta per sempre. L'identità cambia, senza mai cancellare le radici, che sono inestirpabili.

L'Unione Europea potrà cambiare quanto vogliamo, ma le sue radici giudaico, greche, romane e cristiane non sono eliminabili.

L'Italia sarà sempre l'Italia. E potrà pur arrivare un grigio funzionario dell'Istituto universitario europeo a chiedere di non dire «Buon Natale» per non offendere le altre culture, ma una risata lo sommergerà. Perché dirà quelle cose non da un'algida aula situata nel metaverso, ma dalla Badia Fiesolana, sulle colline fiorentine, tra monasteri, chiese, ulivi e tabernacoli della Madonna, che ricorderanno a lui e a quelli come lui che dire «Buon Natale» non è un fatto di rispetto per i cristiani, ma un segno identitario di questa parte di mondo. E nessuno può pensare di cancellare il Beato Angelico o il *Tondo Doni*, il Battistero o Santa Croce perché qualcuno si offende. Ci sarà sempre qualche genietto che pensa di insegnare ai bambini a dire «Cucù», anziché «Gesù», come vorrebbe una strisciante *cancel culture* dei poveri che mediocri educatori proporranno in qualche scuola della Penisola. Ma la *cancel culture* non è rispetto per gli altri: è violenza contro sé stessi.

Cancellare la cultura è la filosofia dei nazisti che bruciavano i libri, dei talebani che abbattevano le statue del Buddha, dei presunti progressisti che nelle università se la prendono con Shakespeare, Cristoforo Colombo e Dante. È chiaro che uno studente universitario della California non è Goebbels, ma l'impianto filosofico, quello che vuole cancellare la cultura e non studiarla, amarla, ammirarla è lo stesso. Chi butta giù le statue non è diverso da chi brucia i libri. O da quegli assurdi burocrati che volevano impedire di leggere Dostoevskij dopo che Putin aveva invaso l'Ucraina.

La mia tesi è opposta: la cultura marca la nostra identità e concorre a definire la nostra sicurezza.

Ed ecco il motivo per cui, a mio giudizio, serve lo *ius culturae*. Se un ragazzo finisce un ciclo di studi in Italia, deve essere a pieno titolo cittadino italiano. Con i diritti, certo, ma soprattutto con i doveri. Se uno studente decide di fare un triennio, o addirittura un lustro, in Italia per laurearsi, deve essere a pieno titolo cittadino italiano. Negare la cittadinanza che viene invece consegnata ai trisnipoti di italiani che vivono nei posti più remoti del pianeta e che non hanno mai messo piede in una delle nostre città, in uno dei nostri paesi, è il segno di quella classica mentalità per cui in Italia va bene tutto purché non cambi nulla. Siccome da decenni facciamo così, continuiamo a fare così. E non ci rendiamo conto che se un ragazzo fa il politecnico o il liceo da noi, o magari ancora più banalmente la scuola elementare dopo essere nato qui, ha un rapporto con questa terra e con i suoi valori che resterà per sempre nel suo sangue. A maggior ragione se la Repubblica implementerà le occasioni per lui di vivere la cultura, i musei, le sagre popolari, gli eventi sportivi o gastronomici, le tradizioni locali.

Vedere il Palio di Siena in tv significa assistere a una manifestazione. Essere a Siena in quei giorni significa gustare un'esperienza che va oltre ogni immaginazione. Essere battezzato in una delle diciassette contrade significa vivere una dimensione che mischia passato e futuro dentro l'anima. E se lo dice un fiorentino, se un fiorentino parla bene dei senesi, significa che è proprio una cosa enorme.

Il controllo sociale nelle città in cui è più alto il livello degli eventi civici e culturali porta a una riduzione della criminalità. Ecco perché collego – e continuerò a farlo – gli investimenti in cultura con quelli in sicurezza.

Ma questo non può farci sottovalutare la grande sfida della sicurezza che il governo di destra pensa di risolvere con vigorosi tweet e post, ma che ha bisogno di un'azione molto più incisiva. Il fatto che nelle stazioni si avverta una drammatica insicurezza, soprattutto dopo certe ore, si somma a un dato di cui nessuno ha il coraggio di parlare: esiste un *gender gap* anche nella sicurezza percepita nelle stazioni. Una ragazza di vent'anni si sentirà sempre più impaurita e a disagio alla Stazione Centrale di Milano che non un uomo di cinquanta. Lo so. Certi concetti non sono politicamente corretti. Qualcuno adesso mi attaccherà accusandomi dei peggiori reati (d'opinione), ma finché non abbiamo il coraggio di dire che le ragazze di oggi sono meno libere dei propri coetanei non tanto nelle statistiche del Viminale sui reati, ma nella percezione quotidiana in una stazione, specie a tarda ora, non saremo leali con noi stessi.

E se è vero che i dati mostrano un significativo miglioramento della sicurezza nel senso di un deciso abbassamento del numero dei reati, è anche vero che la percezione dell'Italia del 2024 è di una crescente insicurezza legata soprattutto a quei fattori di microcriminalità che poi tutto sono tranne che micro nella vita quotidiana. Il vetro della macchina rotto al parco delle Cascine mentre i tuoi figli sono in discoteca perché il tossicodipendente di turno prova a vedere se ci sono due spiccioli lasciati in auto. La spaccata al negozio per verificare se si può portar via qualcosa di riciclabile e ottenere i soldi per vivacchiare. I furti in appartamento che continuano a fare la differenza nella vita delle persone perché il senso di violenza intima che provocano penetra nel cuore delle persone, al di là del valore economico della refurtiva.

Gli influencer alla Salvini e Meloni hanno costruito una carriera nello stigmatizzare fatti di cronaca, tagliare dei brevi filmati, giocare con la grafica per dare messaggi scandalistici, e poi condire il tutto con qualche commento contro il governo di turno e la richiesta di dimissioni del ministro dell'Interno di turno (Angelino Alfano è primo in classifica come obiettivo dei sovranisti, ma anche Luciana Lamorgese è ben piazzata al secondo posto). Questa è la ricetta che lo chef digitale sovranista proponeva a tutti i parlamentari della destra. Ora che al governo ci sono loro è molto più difficile prendere like così. Certo, ci sarà sempre un sindaco di sinistra da attaccare – qualcuno anche a ragione –, ma la potenza della narrazione securitaria è affievolita. Rimane l'insicurezza che i toni esasperati hanno contribuito a produrre e rimane la fragilità di coalizioni, sia a destra sia a sinistra, che non hanno il coraggio di fare i conti con l'unico modello di successo, quello riassunto da Tony Blair con lo slogan: «Duri con il crimine, duri con le cause del crimine». Questa è la frase che più rimette la palla al centro contro una destra ideologica e una sinistra buonista.

La scuola, la cultura, l'educazione sono i primi strumenti che una politica di sicurezza deve mettere in campo. Noi lo abbiamo sostenuto contro il terrorismo islamico, ma vale anche nella quotidianità.

Certo, poi si deve sostenere un principio di legalità che purtroppo oggi sembra smarrito. Il giustizialismo ti fa credere che la legalità si difenda sparando tre titoli in prima pagina o pubblicando le intercettazioni degli indagati. Il giustizialismo non è l'affermazione della legalità, ma la sua negazione. Si fonda su pubblicazioni spesso illegittimamente acquisite, sovente illegalmente pubblicate. Ma è soprattutto controproducente perché non consente la vera battaglia che serve, che è quella per la certezza della pena – quale essa sia – e per il rispetto delle norme, delle procedure, delle autorità.

Il garantismo non significa buonismo, non significa che nessuno deve pagare. È fondamentale che chi sbaglia paghi. E questo vale per il politico, certo, ma anche per il magistrato come per qualsiasi cittadino. E chi sbaglia deve pagare indipendentemente dal colore della sua pelle o dal passaporto. Nella narrazione degli influencer sovranisti, se lo stesso reato è commesso da uno straniero i like sono più numerosi, fateci caso. È un'analisi empirica che si può facilmente recuperare facendo una breve ricerca nei profili di Meloni e Salvini quando erano all'opposizione. Affermare il principio del politico e non dell'influencer significa che a me non interessa se chi delinque viene da Pavia o dalla Nigeria, da Vibo Valentia o dalla Nuova Zelanda. Chi delinque paga. E chi delinque lo decide un giudice, non una redazione.

Difendere il garantismo peraltro significa difendere la cultura e la civiltà italiana: siamo quelli del diritto romano, siamo quelli del Beccaria, noi. Essere italiani significa dare garanzie, essere giustizialisti significa essere il contrario di italiani, cioè incivili. Ma spiegarlo a chi ha vissuto di giustizialismo sia nei partiti politici sia nelle redazioni dei giornali mi pare troppo difficile: chi non capisce non può ascoltarti.

Spero che inizi a essere più chiaro perché insisto sul mettere la palla al centro contro questa destra e contro questa sinistra.

L'agenda della politica italiana, insomma, dovrebbe mettere al centro l'intelligenza artificiale, l'aumento del salario per il ceto medio, lo stop agli sprechi pubblici e di conseguenza dire basta all'aumento delle tasse che unisce destra e sinistra, un investimento gigantesco nell'infrastruttura più importante del Paese, e cioè la cultura, e un modo diverso di guardare alla sicurezza.

Ma c'è ancora un punto da chiarire che giudico di straordinaria importanza. Stiamo invecchiando. E fin qui tutto bene, direbbe qualcuno. Meglio invecchiare dell'alternativa, diceva Woody Allen.

Uno dei geriatri più autorevoli del nostro Paese, il professor Roberto Bernabei, mi mostrava numeri molto potenti: ogni anno l'età media aumenta di tre mesi. Nella storia dell'umanità non è mai stato così forte il trend di miglioramento. Gestire meglio il rapporto con il caldo e con il freddo, i miglioramenti della medicina, la qualità della vita: questi fattori stanno rivoluzionando la società.

Altro che le figure barbine di Salvini sulla riforma delle pensioni: la Lega degli influencer attaccava la Fornero alle trasmissioni televisive e al governo fa una riforma che peggiora le condizioni della Fornero, nel senso che fa lavorare di più. Come è ovvio che sia. Perché? Perché se l'età media si allunga ogni anno di tre mesi significa che viviamo più a lungo e meglio. È una conquista fantastica. Ma i politici – non gli influencer – dovrebbero domandarsi: sì, ma con questo passo non è solo il sistema previdenziale a essere rimesso in discussione. È l'intera organizzazione sociale.

Parliamo spesso dei giovani. E facciamo bene, benissimo. Viva i giovani. Ma come canta un trapper della nuova generazione, Tutti Fenomeni, «dire "spazio ai giovani" è un concetto vecchio». Perché oggi, per essere seri fino in fondo, dovremmo porci il tema di come vivere in una società dove chi ha tra i sessanta e gli ottant'anni è solitamente forte, in gran forma e nel pieno delle proprie capacità intellettive.

Il professor Bernabei mi provoca: dovreste mettere cento milioni di euro e chiedere che siano ammessi al finanziamento solo *startup* pensate da chi ha più di sessant'anni. Che poi, a pensarci bene, non è neanche una provocazione. Questa generazione di over 60 non è un peso, ma una delle più grandi opportunità per l'Italia di oggi. Che sia nel business, nel terzo settore, nello sport, nella vita civica e politica, noi abbiamo bisogno di un grande piano per gli over 60. Dopo anni in cui abbiamo avuto un atteggiamento sulla terza età che scontava una visione banalmente compassionevole, è il momento di capire, tutti insieme, come rimodulare l'organizzazione di una società che invecchia tanto: come vivere meglio e non solo come vivere di più. L'Italia dei prossimi vent'anni farà la differenza in Europa e nel mondo se riuscirà a mettere alla stanga questa generazione.

Per farlo, tuttavia, non può essere sottovalutato il modello di servizio sanitario che intendiamo rilanciare, più che difendere.

Mettiamo in fila i punti di partenza: l'età media si allunga, il personale medico e sanitario scarseggia, il numero chiuso a Medicina, che un tempo doveva favorire la qualità, oggi costituisce un ostacolo, l'innovazione e la medicina personalizzata aprono scenari inimmaginabili fino a qualche anno fa. Come si può rimettere la palla al centro in questo settore?

Intanto uscendo dalla fumosa retorica dei medici eroi e degli infermieri eroi che ha imperversato nei mesi del Covid, salvo poi vedere gli stessi che valorizzavano a parole gli eroi rifiutare di prendere il Mes sanitario, che con i suoi 37 miliardi di euro avrebbe permesso non solo di azzerare le liste d'attesa, ma anche di retribuire meglio il personale sanitario. E anche di affrontare le malattie rare: servono tanti soldi, lo sappiamo. Ma salvare una vita è la ragione per la quale facciamo politica.

Lisa Noja è una donna che stimo ogni giorno di più. Avvocato, parlamentare nella scorsa legislatura, oggi consigliera regionale in Lombardia, colonna di Italia Viva, Lisa è costretta su una sedia a rotelle perché colpita da una malattia cattiva e violenta come la Sma, atrofia muscolare spinale. Ogni anno 40/50 bambini ne vengono colpiti e più della metà muoiono. Negli ultimi anni i progressi della ricerca hanno finalmente aperto un varco di speranza. Se si interviene per tempo con la diagnosi neonatale l'atrofia può essere combattuta e addirittura eliminata. Serve però che a tutti i bambini che nascono sia fatto lo screening. Perché se la prendi per tempo il bambino può vivere, camminare, correre. Lisa avrebbe potuto lasciarsi soggiogare dalla rabbia contro il destino e invece sia nella sua attività di avvocato sia in quella di rappresentante delle istituzioni ha scelto la speranza. Anzi, come ha scritto in un bellissimo articolo su *Il Riformista*, l'onorevole Noja interpreta il suo mandato politico non per lamentarsi, ma per restituire speranza alle piccole Lisa di domani, che grazie alla battaglia contro le malattie rare potranno vivere libere dalla Sma. Lottiamo in tutte le sedi, istituzionali, civili, di partito e con Lisa decidiamo anche di fare un video convinti che diventi virale per incoraggiare a firmare una petizione che metta pressione al governo. E giriamo questo video seguendo le indicazioni utili perché i social accolgano il messaggio. Invece, con nostro scorno, il video viene visto da migliaia di persone sì, ma non diventa virale come avremmo voluto. Perché evidentemente questa è una cosa troppo poco da influencer.

Ma non importa: finalmente il ministero, a inizio 2024, ha firmato il decreto perché tutte le regioni abbiano gli strumenti per fare ovunque lo screening neonatale. Una vittoria di Lisa, una vittoria delle famiglie, una vittoria delle associazioni che combattono contro le malattie rare. Ma anche una vittoria della politica che si occupa di cose vere. Anche se non passano su social.

La palla al centro significa allora *in primis* andare in Europa per recuperare quelle risorse, ma anche ripensare il modello considerando l'età media che si allunga e le nuove emergenze che stiamo vivendo. Credo, ad esempio, che esista un'emergenza assoluta che è quella della salute mentale. Che crescerà ancora nei prossimi anni, perché questo è il trend che in tutto il mondo stiamo osservando: avere incarichi di *advisory board* in strutture diverse, in Paesi diversi, è utile anche per capire meglio ciò che avviene.

E poi non va sottovalutata l'esplosione dei disturbi alimentari. Fermiamoci qualche istante a fotografare i numeri. Nel 2019, l'ultimo anno prima della pandemia, i disturbi alimentari come anoressia e bulimia colpivano poco più di seicentomila ragazzi. Che è comunque una cifra rilevantissima. Quattro anni più tardi, complice anche l'effetto che la pandemia ha avuto sulla vita dei nostri figli e nipoti, siamo passati da seicentomila a oltre un milione e seicentomila. Un milione di nuovi casi in più rispetto a numeri già altissimi. Sono cifre devastanti.

Su questo dramma abbiamo attirato l'attenzione dell'attuale ministro della Salute, il professor Schillaci, che molto opportunamente ha pensato di introdurre in un emendamento al Milleproroghe il rifinanziamento di almeno dieci milioni del fondo sull'anoressia che il governo Meloni si era dimenticato di rifinanziare, troppo preso a dare soldi allo staff di Lollobrigida. Ma, al di là degli emendamenti, emerge anche politicamente un problema che ciascuna famiglia italiana conosce molto bene perché non v'è nucleo famigliare che non abbia un figlio, nipote o conoscente alle prese con questi disturbi così insidiosi.

E sarà forse più chiaro perché ai tempi del Covid gli influencer chiedevano di chiudere tutto e i politici chiedevano di riaprire le scuole. Perché la scuola non è solamente il luogo dove impari delle nozioni, ma è il luogo un giovane ha bisogno di respirare la vita. Senza scuola – dissi allora con un intervento isolato, ma molto criticato – stiamo creando le condizioni per problemi di lungo periodo, soprattutto dal punto di vista psicologico e psichiatrico. La realtà mi ha dato ragione, purtroppo.

Il governo non riaprì subito le scuole, perché gli influencer che dettavano la linea ai ministri erano contrari.

E quando le riaprì, molto tempo dopo, troppo tempo dopo, anziché un piano straordinario per rifare gli edifici furono comprati i banchi a rotelle.

Ecco le differenze tra noi e i Cinque Stelle di Giuseppe Conte. E poi diciamolo: se la Meloni è l'influencer in capo, anche Conte è un aspirante influencer. Specie quando si sforza di seguire i consigli della sua brillante squadra di comunicatori. Andiamo a scoprirli?

7
L'INFLUENCER GIUSEPPI

> «La società di massa non vuole la cultura, ma gli svaghi.»
>
> HANNAH ARENDT

Ferragosto 2023. Sono in un resort molto bello in Grecia con mia moglie Agnese e due dei tre figli, Emanuele e Ester. Francesco, appena laureato in Economia a Firenze, si è già trasferito per un Master in Business Administration negli Stati Uniti e noi ci godiamo qualche giorno di ferie a Mykonos. Siamo nella spiaggia dell'hotel, la giornata è meravigliosamente calma, ci attendono libri e chiacchierate in famiglia. Squilla il telefono, o meglio lampeggia perché l'ho opportunamente messo in modalità silenzioso. Butto l'occhio. Mi pare di scorgere il nome Rocco Casalino nelle telefonate entranti. Mi dico che devo risolvermi a fare l'operazione agli occhi per correggere la vista perché è evidente che non riesco più a leggere come vorrei. Ma in realtà, guardando meglio, è proprio Rocco Casalino.

Rispondo sorpreso. Gli dico, alla fiorentina: «Oh, te?»

E lui con la voce bassa. «Non guardare alla tua destra. Non ti girare se no se ne accorgono. Sono nella tua stessa spiaggia. Facciamo finta di non esserci visti. Nessuno saprà nulla.» Questa comunicazione da Mata Hari mi fa morire dal ridere.

Ritengo Casalino un personaggio incredibile, il vero protagonista della costruzione della figura di Giuseppe Conte.

Ha dei valori molto diversi da me: le frasi da lui pronunciate sulle persone con sindrome di Down continuano a fare male a me e a molti di noi che sanno come sia bello coltivare l'amicizia o la parentela con queste persone speciali che hanno un cromosoma in più. E tanta dignità in più di quella che mostrò Casalino in quelle dichiarazioni.

E tuttavia riconosco in lui un professionista straordinario. Me ne sono accorto durante gli anni del governo giallorosso. Non c'era una sola iniziativa partorita da Palazzo Chigi che non fosse testata nei sondaggi, verificata nella comunicazione, studiata nei dettagli. Io vengo da un'esperienza diversa. Quando mi proposero una rimodulazione selettiva dell'Iva e la lotteria degli scontrini perché avevano i sondaggi che mostravano un forte apprezzamento, mi inalberai e cercai di bloccare l'operazione. Mi riuscì solo sull'Iva e ne vado fiero perché in Italia «rimodulazione selettiva a invarianza di gettito» è un'espressione che non esiste nel mondo reale: quando vai a farla si traduce sempre e comunque in un aumento dell'Iva. E io sono contro l'aumento delle tasse a prescindere: tagliamo gli sprechi, non tagliamo le ali a chi vuole consumare.

Ma Rocco era il pivot insostituibile di tutte le trame non solo mediatiche della rete grillina. Mentre molti italiani lo vedevano ancora come il giovane ingegnere del primo *Grande Fratello*, io capivo di avere davanti l'avversario più pericoloso della squadra pentastellata.

Molte delle campagne contro di me, dai meme sui social all'Air Force Renzi, dalle mie conferenze all'estero alle polemiche sul mio inglese, nascono dalla diabolica mente di Rocco. Sarei pronto a fare un dibattito con il suo Giuseppe Conte in inglese, lingua che io parlo e Conte no. E del resto pur di confrontarmi con Conte sarei pronto a farlo anche in italiano dandogli pure due congiuntivi di vantaggio. Ma se chiedete al popolo della rete chi parla meglio inglese tra Conte e il sottoscritto, sarà un plebiscito per l'avvocato grillino. Perché le campagne orchestrate dal Movimento Cinque Stelle sono state molto efficaci. E chi non lo riconosce è in malafede.

Torniamo alla spiaggia greca.

Casalino mi suggerisce di far finta di niente e confondersi nell'anonimato della vacanza. Evidentemente teme qualcosa. Ovviamente per uno come me è un invito alla lepre a correre. Mi alzo dal lettino e gli vado incontro tutto sorridente. «Non mi volevi vedere? Eccomi qui, buongiorno, come stai?»

Capisco soltanto dopo la sua preoccupazione. Alcune testate hanno fatto polemica sulle vacanze extralusso di alcuni dirigenti del Movimento Cinque Stelle, a cominciare da Conte in settimana bianca e proseguendo con altri. «Io non sto qui, eh. Sono di passaggio. Se domani sono su *Dagospia* so di chi è la colpa, ma io non sono in un posto di lusso.» Sorrido. E gli dico: «Guarda che io non sono mica come voi, Rocco. Se uno sta bene, sono contento per lui. Goditi la tua vacanza».

Se uno si paga una vacanza in un posto bello e sta bene, perché deve essere attaccato dal basso pettegolezzo o dall'invidia sociale, mi dico.

In realtà per i grillini è un contrappasso. Perché proprio la comunicazione dei Cinque Stelle ha trasformato questo Paese in un luogo nel quale chi sta bene deve essere invidiato, se non attaccato.

Ci salutiamo. Qualche ora più tardi sono a passeggio con mio figlio a chiacchierare di università. Rivedo Casalino, faccio le presentazioni, e lui a Emanuele: «Se lavorassi con tuo papà, lui avrebbe come minimo il 10%». E capisco che per lui questo lavoro è una vera e propria vocazione, in attesa prima o poi di candidarsi anche lui, cosa che naturalmente avverrà. Anche perché dice: «La prossima volta alle politiche Conte supererà il 20%, scommettiamo?»

Ma io abbozzo, non riuscirà a rovinarmi la vacanza. E tuttavia mi fa pensare che in casa grillina hanno già messo nel mirino il 2027. Il loro obiettivo non è fare opposizione alla Meloni, oggi, ma costruire la campagna elettorale di domani. Con tutti gli strumenti che hanno e che sanno usare oggettivamente molto bene.

Si spiega così la fenomenologia di un personaggio straordinario come Giuseppe Conte.

L'icona dei progressisti dopo essere stato il primo premier sovranista.

L'avvocato democristiano di provincia sbarcato nella grande città a raccogliere inviti alle feste e poi diventato il simbolo del popolo contro il palazzo.

L'uomo che firma i decreti Salvini e poi prende le distanze da Salvini. E da sé stesso.

L'uomo che riesce a essere nello stesso tempo il pupillo di Donald Trump e il pupillo di Goffredo Bettini.

Pirandello non avrebbe potuto fare meglio nell'immaginare un personaggio così strabiliante. Lo dico senza alcuna polemica.

Quando attacco Conte, i grillini mi dicono che ce l'ho con lui. Tutt'altro, con me lui è sempre stato gentilissimo fin dal primo pranzo che mi offrì al ristorante San Lorenzo di Roma, nel 2013, quando lui era professore di Diritto e io sindaco di Firenze. Poi mi ha offerto di fare il ministro. E quando mi ha attaccato si vedeva lontano un miglio che stava recitando battute scrittegli dalla maligna penna del team di Casalino.

Non vedo perché dovrei avercela con lui. Al massimo è lui che può avercela con me, perché se non si fosse trovato sulla strada il manipolo di parlamentari di Italia Viva, l'Avvocato del Popolo avrebbe fatto il suo terzo governo e sarebbe probabilmente andato al Quirinale nel gennaio 2022: questa era la strategia dei giallorossi. E aveva anche una logica, sia chiaro. Ma noi lo abbiamo mandato a casa sostituendolo con Draghi. E dunque io i miei conti con lui li ho regolati definitivamente lì.

Non posso provare invidia per uno che interpreta la politica in un modo radicalmente opposto al mio. Lui è il contrario di quello che sono io. E soprattutto di quello che voglio essere.

Io non interpreto un ruolo, ho delle idee che ho sempre sostenuto. Ho sempre messo la faccia rischiando in prima persona, a cominciare dalle primarie per Firenze. Spesso ho vinto, talvolta ho perso, ma sempre ho combattuto per delle idee. Che magari ho affinato nel corso degli anni, ma non c'è un solo argomento di merito su cui io abbia cambiato radicalmente idea. Detesto seguire l'onda dei sondaggi anche se so che dovrei guardarli di più per evitare un atteggiamento naif che ancora oggi – dopo tanti anni – continuo ad avere. Conte invece dovrebbe guardare i sondaggi molto meno di quello che fa. In quel partito non guardano i sondaggi: li compulsano, si abbeverano al verbo dell'onda del popolo. Esattamente come influencer, rieccoci.

Non provo invidia, insomma, provo sincera ammirazione per chi – totalmente diverso da me e senza aver mai rischiato, ma vivendo all'ombra dei palazzi romani – è riuscito in un'impresa oggettivamente degna di rilievo. Non mi è piaciuta la comunicazione esasperata sul Covid, la drammatizzazione esasperata che ha fatto aumentare il consenso per Conte, i like sulla sua pagina, il gradimento per la sua figura. Questa cosa, a mio avviso, ha prodotto danni ingenti alla qualità del dibattito pubblico in Italia e in alcuni casi anche alla salute delle persone. Nessun leader occidentale ha parlato tante volte alla propria gente come Conte durante il Covid. Le conferenze stampa ritardate, i toni studiati nel dettaglio, le concessioni sapientemente offerte (vi permettiamo di andare a trovare i genitori): ma cosa mi concedi? Quello è un diritto costituzionale che tu stai sospendendo, non che tu mi stai concedendo...

Potrà sembrarvi una questione di lana caprina, ma in realtà tutta la comunicazione istituzionale della pandemia permetteva di scorgere, in nuce, l'approccio filosofico-culturale – se così si può dire – del grillismo di Giuseppe Conte. Un grillismo che fa a meno di Beppe Grillo. E Grillo non fa niente per negare la sua estraneità e sempre più la sua irrilevanza. Quando dice: «Giuseppe Conte è un manager senza qualità», si consuma l'ultimo tentativo del comico genovese di riprendere la sua creatura. Ma i Cinque Stelle ormai non sono più di Grillo, sono di Conte. Con Grillo farebbero oggi percentuali da prefisso telefonico, solo Conte li tiene in vita. Conte con Casalino e la sua squadra di influencer. Grillo è diventato un consulente: si prende tanti soldi dal Movimento Cinque Stelle e non so bene perché, ma so che se quei soldi fossero stati della Fondazione Open tutto il giglio magico avrebbe avuto almeno sette avvisi di garanzia. Soldi che ovviamente arrivano dal finanziamento pubblico, il due per mille che i grillini avevano giurato di non utilizzare mai. Ma c'è una sede superlussuosa nel centro di Roma da pagare, i rimborsi spese, le collaborazioni. Quello che un tempo era il movimento anticasta, oggi costa. Eccome se costa.

Per capire come da quelle parti sia tutto stabilito e studiato nei dettagli vi invito a tornare con la mente ai tempi delle drammatiche conferenze stampa sul Covid. Cosa faceva Palazzo Chigi allora? Preparava delle dirette del premier nei momenti di massimo ascolto. Talvolta erano comunicazioni previste con largo anticipo, altre volte erano comunicazioni shock, improvvise, annunciate *ex abrupto*.

Dobbiamo tornare al clima di quei giorni. Con i droni che rincorrono i runner, i governatori che diventano star, i virologi che assumono gli agenti per le comparsate televisive. E anche con una drammatica e strisciante crisi legata alla salute mentale. Né potrebbe essere diversamente visto che, per la prima volta nella storia, c'è un coprifuoco senza una guerra, c'è una Costituzione sospesa con Dpcm – altro che deriva autoritaria per l'elezione del primo ministro –, c'è una comunicazione di guerra con i camion militari che portano via le bare da Bergamo. E poi c'è gente che muore sola, soffocata, nelle corsie degli ospedali. Ci sono figli che non sanno dove sono i genitori ricoverati. Ci sono medici e infermieri considerati eroi e poi messi da parte senza troppi complimenti da una politica – quella degli influencer – che preferisce rinunciare al Mes sanitario per questione ideologica anziché dare più risorse alla sanità.

In quei giorni la comunicazione del presidente del Consiglio è per definizione l'unica comunicazione che interessa. La gente sta chiusa in casa, vede la tv, canta sui terrazzi, fa le pizze e il pane. Ma aspetta di sapere quando tornerà libera, quando potrà andare a lavorare, come potrà ripartire.

Questa comunicazione viene dal governo. E il governo decide di non passare dalle pagine istituzionali dell'esecutivo, no. Il governo usa la pagina personale di Giuseppe Conte, con il suo indirizzo personale su Facebook, talmente personale da prevedere fin dall'url l'anno di nascita dell'avvocato foggiano. Cioè, quando i tg in prima serata, con venti milioni di persone ferme davanti all'apparecchio – e vorrei vedere, non possono uscire di casa – iniziano a mettere in sovraimpressione il link per seguire la conferenza stampa che sta per essere tenuta dal premier, che poi non è una conferenza stampa ma un monologo, per seguire quel link si deve accedere al profilo privato del signor Giuseppe Conte. Non di Palazzo Chigi.

Conseguenza: i dati di chi inizia a seguire Conte su Facebook, Instagram o qualsiasi altro canale diventano dati che appartengono a Giuseppe Conte. Non alle istituzioni italiane. E quando Giuseppe Conte lascia Chigi, questi dati rimangono a disposizione di Conte, che li usa per la sua iniziativa politica.

Qualcuno sbufferà: oh, quante sottigliezze. In realtà il possesso dei dati è la vera miniera d'oro del ventunesimo secolo. Il nuovo Klondike del pianeta digitalizzato. E del resto nessuno può dimenticare le polemiche di quando – qualche anno dopo, nel 2023 – dal palco di Sanremo proprio Chiara Ferragni aprì in diretta il profilo Instagram di Amadeus, il conduttore del Festival. La pubblicità fatta al profilo della influencer, a quello della moglie del conduttore, a quello di Amadeus stesso suscitarono un dibattito. In prima serata, nella trasmissione più importante del Paese (ma comunque ovviamente meno vista delle drammatiche conferenze stampa di Conte), si è fatto pubblicità a piattaforme social e anche a singoli profili personali. E in quel caso l'Agcom ha multato la Rai per oltre 170.000 euro a risarcimento degli utenti per i danni prodotti.

Perché avere più follower oggi significa moltissimo sia in termini economici sia in termini politici.

Poi naturalmente la differenza è fatta dalle idee. Conte ha detto più volte: «Non sto con Renzi perché ho una storia diversa, perché ho dei valori diversi».

Per una volta è difficile dargli torto. Abbiamo valori radicalmente diversi. Lui ha firmato il decreto Salvini per chiudere i porti, io ho firmato il decreto sulle unioni civili. Lui ha introdotto il reddito di cittadinanza, io Industria 4.0. Lui ha voluto i banchi a rotelle, io il JobsAct. Lui si è definito sovranista e populista, io credo negli Stati Uniti d'Europa e nella politica. Stavolta Conte ha ragione. Lui e io abbiamo storie e valori diversi. E ne vado orgoglioso. Rimane un mistero sul come la sinistra si possa sentire rappresentata da un camaleonte del genere. Ma in parte è anche merito suo. Riesce a far credere tutto e il contrario di tutto.

Quando, nell'inverno del 2022, l'ennesima tragedia del maltempo e del dissesto si abbatte su Ischia, il leader grillino va in televisione a recitare la parte dell'ambientalista impenitente. Io all'inizio evito accuratamente di aprire polemiche. Le prime ore sono sempre quelle del cordoglio per le famiglie delle vittime e della gratitudine per il lavoro, al solito straordinario, dei soccorritori. Ma quando, sul servizio pubblico di Rai3, l'avvocato grillino usa la consueta ipocrisia per difendere gli errori del suo governo che per Ischia ha addirittura fatto un condono inserendolo nel decreto sulla ricostruzione del Ponte Morandi a Genova – vergogna nella vergogna – trasecolo. I fatti sono chiari e rimangono scolpiti nella roccia della *Gazzetta Ufficiale*: nessuna campagna social fatta di fake news può negarli. E i fatti dicono che Giuseppe Conte ha firmato il condono per Ischia, ha abolito l'unità di missione Italia Sicura e non ha mandato avanti il progetto Casa Italia lanciato con Renzo Piano. Nessun artificio retorico può negare questa drammatica realtà. Intervengo al Senato per stigmatizzare la posizione dei Cinque Stelle che tentano in tutti i modi di negare la realtà, finché si devono arrendere al dettato normativo. Quando produciamo in Aula la legge, infatti, non c'è più spazio per le bugie. Il decreto voluto e firmato da Conte, il numero 109/2018, recita all'art. 25 proprio il titoletto «Procedure di condono».

E il Pd fece una durissima opposizione contro Conte in Aula. Era il tempo in cui ancora il Pd faceva battaglie difficili e coraggiose, ma giuste. Perché il Pd di allora lottava contro l'abusivismo ed era ancora libero dall'incantesimo grillino. Conte non era il punto di riferimento progressista, ma il premier che strizzava l'occhio all'abusivismo, con il condono di Ischia e la chiusura dell'unità di missione. E il Pd non era la sesta stella.

Il problema non è quello che ha fatto lui allora. Il problema è chi lo giustifica ancora oggi. Quattro anni fa siamo intervenuti con foga in parlamento per dire «Fermatevi» e non siamo stati ascoltati. Intervengo di nuovo al Senato e dico: «Oggi non chiediamo che Conte ci dia ragione. Ci basta che Conte chieda scusa. E che il Pd si svegli dall'incantesimo». Parole al vento, purtroppo. L'incantesimo di Conte strega i dem come la maga Circe stregava i compagni di Ulisse.

Non è un caso, credo, che il Pd abbandoni la propria posizione di sostegno al JobsAct per condividere quel reddito di cittadinanza che non abolisce la povertà: la cristallizza. Parliamoci chiaro: per abolire la povertà occorre creare lavoro, non dare un sussidio. Nessuno sarà mai indipendente con una paghetta mensile che, anzi, rafforza il rapporto clientelare, nel senso latino del termine, tra un politico e i suoi elettori. E non è un caso che la propaganda grillina mostri Conte in campagna elettorale attorniato da una popolazione festante che lo acclama come «il papà del reddito». Per abolire la povertà servono ospedali decenti, scuole di qualità, strade sicure, lavoro onesto. Non servono sussidi che vengono rimpinguati poi facendo le serate a nero in pizzeria. C'è una differenza strutturale, ontologica, tra chi propone di combattere la povertà creando davvero ricchezza, benessere e sviluppo, chiedendo però ai cittadini di impegnarsi e fare fatica, e chi afferma di pensare agli ultimi regalando un'elemosina a spese del contribuente, chiedendo però in cambio il voto.

Se regalo sussidi sono l'influencer che si fa vedere caritatevole con i poveri. Faccio beneficenza di Stato, persino peggiore di quella del pandoro.

Se creo lavoro sono il politico che prova a cambiare la propria terra. Faccio un investimento sul lungo periodo, strategico. Il JobsAct, infatti, ha creato più di un milione di posti di lavoro. È un ragionamento semplice, lineare, forse persino banale. Più gente lavora, meno gente chiede il reddito di cittadinanza. Meno gente chiede il reddito, meno consensi ha Conte. La verità è che Conte odia il JobsAct perché il JobsAct gli porta via la base elettorale.

Forse l'imprinting culturale di Giuseppe Conte emerge nel modo più eloquente nella vicenda superbonus. Gli incentivi edilizi sono uno strumento intelligente adoperato da numerosi governi al fine di rianimare il settore delle costruzioni, che è tra i più impattanti sul prodotto interno lordo. Ma l'idea del superbonus 110% e le modalità con le quali è stata pensata, realizzata, implementata e poi freneticamente modificata, costituiscono una follia tra le più perverse della storia normativa repubblicana.

Giuseppe Conte è un influencer che si racconta come Robin Hood, che prende ai ricchi ciò che spetta ai poveri. Ma in realtà finisce con l'essere lo sceriffo di Nottingham perché il superbonus è una ghiotta opportunità per chi ha già risorse da investire e che finisce con il ritrovarsi case rifatte o addirittura costruite *ex novo* senza spese significative. E quello che lascia oggettivamente senza parole è che anziché presentare questa misura come uno strumento utile al rilancio economico, ammesso che si possa sostenere la veridicità di tale affermazione visto che i numeri dipingono uno scenario diverso: il superbonus nel biennio 2021-2022 ha inciso per meno del 2% nell'incremento del Pil del nostro Paese a fronte di un costo di oltre 100 miliardi che arrivano a 120 miliardi sommando le risorse per il bonus facciate. Le truffe contestate sono di poco inferiori ai 12 miliardi di euro, una voragine nei conti pubblici. Ma Conte rivendica che grazie a lui sarà possibile rifare le case «gratuitamente». Viaggiano in rete video in cui il «gratuitamente» di Conte è ripetuto, ritmato, mixato.

Ma è allucinante dover ribadire ancora oggi che ciò che è gratuito, nel magico mondo degli influencer, in realtà viene pagato dai cittadini nel mondo reale della politica. Non ti rifai la casa gratis: la sta pagando tuo figlio. La sta pagando il povero cui togli una sanità degna di questo nome costringendolo a folli liste d'attesa. La sta pagando la pensionata che non vede scatti previdenziali perché i soldi servono a rifare le case gratuitamente a chi comunque già se lo può permettere. La sta pagando lo studente fuori sede per il quale non sono previsti sconti sugli affitti o più studentati perché i soldi devono coprire l'emergenza finanziaria superbonus. Quando vedo i deputati grillini solidarizzare con gli studenti che animano il movimento di protesta delle tende, mi viene voglia di dire: ma perché quei soldi che hai buttato via con il 110%, non li hai messi sugli studentati? Per un motivo molto semplice. Il 110% porta voti, gli studentati richiedono tempo. Ancora una volta influencer *versus* politici.

Se solo ci fosse un'analisi reale di costi e ritorni sarebbe chiaro che il reddito di cittadinanza e il superbonus hanno prodotto un impressionante sperpero di denaro pubblico. Siamo davanti non a un buco di bilancio, ma a una voragine creata da chi urlava «onestà» e non ricorda la lezione di Benedetto Croce, per cui la prima forma di onestà è la competenza. Se scrivo una legge con i piedi, non posso mettermi la parola «onestà» in bocca. Perché la banda degli onesti ha prodotto un danno alle casse dello Stato e *in primis* dei cittadini meno abbienti.

Conte inoltre attacca la Meloni per mezza giornata e ci fa gli accordi nell'altra parte del dì. Trama di giorno, tratta di notte. Lo vediamo sul Mes, sulle nomine, sulla Rai, sulle commissioni parlamentari. È lui la vera stampella del governo. E peraltro ha una grande abilità nel lavorare quando le ore si fanno piccole. Lui è uno stacanovista: durante lo scontro nel passaggio tra il Conte Bis e il governo Draghi, io la sera crollavo, come faccio puntualmente dai tempi del liceo, e dormivo. Sono sempre stato fedele al motto di Bill Clinton: «I peggiori errori della mia vita li ho fatti dopo aver dormito poco». Ho bisogno di riposare. Anche poco, ma devo chiudere gli occhi. Mi sono fatto certe dormite sui divani di Bruxelles durante le pause dei consigli europei notturni! Invece Conte vive di notte. Mentre io finalmente mi riposavo durante la crisi, lui passava le serate a Palazzo Chigi al telefono con Ciampolillo a contare i senatori che gli servivano per farci fuori. Un po' mi dispiaceva per lui. Anche perché passare le serate con Ciampolillo non deve essere il massimo del piacere. E nemmeno dell'utilità visto che poi al mattino, una volta sveglio e riposato, glieli riportavo via tutti.

In questa legislatura Conte è il primo a fare gli accordi con la Meloni per il tramite del cognato. Lollobrigida, dico. Intanto piazza Bonafede, il peggior ministro della Giustizia. Lo piazza con i voti di Fratelli d'Italia. Poi si prende la vigilanza della Rai e le vicepresidenze in cambio del sostegno ai nomi indicati da FdI.

Ottiene più posti di tutti gli altri nelle sedi istituzionali.

Perché? Perché all'inizio di questa legislatura cerca di fare secco il Pd. Certo, gli piace vincere facile, perché il Pd aiuta, eccome se aiuta.

Quello che è successo in questa legislatura andrebbe studiato nei manuali di strategia parlamentare come esempio di incapacità di fare politica.

Breve sintesi. Nelle democrazie parlamentari sono previsti ruoli di rappresentanza per le opposizioni. Pd e Cinque Stelle hanno stretto un patto tra loro per eliminare l'allora Terzo Polo dal tavolo delle vicepresidenze. Mai successo prima! Eliminando noi dal voto in Aula i posti per le opposizioni paradossalmente sono scesi, passando da 14 a 12: Fratelli d'Italia ha avuto due segretari d'Aula in più perché noi e il gruppo delle autonomie siamo stati costretti dall'arroganza Pd-grillina a stare fuori dall'Aula. Come in campagna elettorale, il Pd è stato dunque il miglior alleato della Meloni. Rimanevano 12 posti in ballo, anziché 14. Il Pd con 107 parlamentari ha ottenuto 5 posti; i Cinque Stelle con 80 parlamentari hanno preso ben 7 posti: grazie ad alcuni franchi tiratori dem e Cinque Stelle, la follia di questo Pd ha regalato ai grillini due posti in più. Due candidati del Pd sono stati bocciati dai franchi tiratori dem e grillini. Politicamente è allucinante: il Pd con più voti regala più posti ai Cinque Stelle – e inconsapevolmente a Fratelli d'Italia – sacrificando persino due propri candidati pur di non fare l'accordo con noi. Mai visto un partito più masochista di quello che dona il sangue agli avversari.

Hanno messo il veto su di noi nelle alleanze, hanno perso le elezioni, ci hanno lasciato fuori dagli accordi istituzionali, hanno sbagliato i conti, hanno fatto diventare i grillini la prima forza di opposizione e anziché andare a nascondersi sparlano alle spalle non avendo il coraggio di scusarsi in pubblico.

Non so dove il vento dei sondaggi porterà il partito di Giuseppe Conte da qui al 2027, o forse prima, se le divisioni interne della destra provocheranno elezioni anticipate. Mai dire mai. E non dimentichiamo che Salvini è capace di regalare grandi sorprese, come sa proprio l'avvocato foggiano. Milan Kundera descriveva bene l'unico faro dei Cinque Stelle Casalinian-Contiani: «I risultati dei sondaggi sono diventati una sorta di realtà superiore, oppure per dirla diversamente: sono diventati la verità».

Nel frattempo ha provato a sfidarmi ancora, contestando la mia partecipazione agli eventi internazionali, agli *advi-*

sory board, ai seminari privati e pubblici. Conte ha proposto una legge sulle incompatibilità – che lui chiama «legge sul conflitto di interesse» dimostrando di avere poca dimestichezza con questo tema, pur avendo interessanti esperienze in materia – che prevederebbe la mia impossibilità di partecipare ad alcuni *board* o alcuni eventi. Credo che molto nasca dai sondaggi e qualcosa anche dalla legittima amarezza per il fatto che in questi consessi invitano me e non lui. Perché è facile dire: «Io a queste cose non vado». Per forza: se non ti chiama nessuno non è che ti puoi imbucare. Ma io ci sto, mi va bene anche votare la legge che propone Conte, una legge che restringa l'ambito d'azione del parlamentare. Parliamone, sono pronto a votare a favore.

Mi piacerebbe anche – nel frattempo – che si chiarissero le incompatibilità degli avvocati d'affari, come Conte è stato a lungo. I possedimenti delle famiglie: se una compagna o una moglie ha una famiglia che possiede alberghi o banche o ricchezze finanziarie è giusto che il parlamento sia edotto, no? Se hai fatto operazioni legali di rilevante importo con alcuni clienti, anche comprensibilmente molto chiacchierati, è opportuno che tu mostri l'elenco delle tue attività a un soggetto terzo o all'ufficio di presidenza della Camera o del Senato. Sono laico, davvero.

Conte vuole ancora più limiti per i parlamentari? Ci sto. Rilancio. Gli levo la sete col prosciutto, come siamo soliti dire a Firenze.

E continuo a incalzarlo sui troppi dubbi che girano ancora sulla vicenda Covid. Chi chiamò i soldati russi in Italia? Chi organizzò l'incontro tra un alto dirigente dei servizi segreti e un intermediario – mascherine? Ventilatori? Altro materiale su cui era prevista una ricca provvigione? – nell'ufficio legale che era stato casualmente l'ufficio di Conte in presenza di quello che era stato un suo stretto collaboratore?

Fateci caso. I Cinque Stelle vogliono sempre trasparenza dal Palazzo tranne quando quella richiesta coinvolge loro. La commissione di inchiesta sul Covid è stata avversata in modo incredibile. E naturalmente la presidenza, che avrebbe avuto senso dare a un partito dell'opposizione – e quindi a noi che siamo stati i primi a chiedere la commissione – la daranno a tutti, ma non a noi.

Eppure molti sarebbero i quesiti a cui dare risposta. Durante il Covid la politica ha compiuto le scelte corrette o qualcuno ha fatto il furbo? Su questi temi da mesi Italia Viva chiede che si faccia una commissione parlamentare di inchiesta. Anziché aggredire gli avversari Giuseppe Conte spieghi perché ha chiamato Putin facendo entrare in Italia i militari russi o se qualcuno dei suoi colleghi ha lucrato business sulle mascherine e sui ventilatori o sui banchi a rotelle. Perché su questo tema i grillini hanno paura della trasparenza e della verità?

Abbiamo visto che Meloni è l'influencer più brava.

Abbiamo visto che Conte la insegue ignorando qualsiasi regola di coerenza politica la storia ci abbia trasmesso.

Non abbiamo nemmeno bisogno di aprire un file riguardo a Matteo Salvini, l'uomo che ha consegnato alla cronaca social alcune delle perle più straordinarie. Come dimenticare le sue acute osservazioni politiche sintetizzate dal post con foto: «Stasera sto leggero: pizza salame piccante e cipolle», inserito in rete tra la richiesta dei pieni poteri avanzata nella sede istituzionale della discoteca Papeete di Milano Marittima, non prima di aver affidato «al cuore immacolato di Maria il destino di un Paese e di un continente». Evito ulteriori chicche teologiche come la spiegazione salviniana in vista di un incontro sovranista a Firenze: il leader padano per prepararsi alla pugna toscana rilegge dunque la Bibbia nella celebre pagina di Davide contro Golia, dove il gigante è per il ministro dei Trasporti la «realtà burocratica massonica», e il Davide – si capisce – la coppia Le Pen & Salvini. Sono osservazioni che allargano la mente, quelle di Salvini. La cipolla allarga anche le pupille. Del salame piccante non parliamo, si capisce. Ma certo se Michelangelo avesse immaginato lo spregiudicato utilizzo del suo capolavoro, forse quel blocco di marmo, peraltro maledetto secondo gli antichi, sarebbe rimasto intonso.

In ogni caso è chiaro che Meloni, Conte, Salvini competono nello stesso campionato. Con capacità e numeri diversi, ma giocano con le stesse regole.

La domanda ora è un'altra.

Ma Elly Schlein? Lei a che gioco gioca?

Solitamente non è facile capirla e capirne le strategie, ma è il momento di provarci.

8
PARTITO DEMOCRATICO, ARRIVATO GRILLINO

> «Mi sentivo amato quando perdevo. Mi sentivo a mio agio.»
>
> FRANCESCO PICCOLO

I congressi del Partito democratico sono ormai un'esperienza mitica, se non mistica. Chi come me ne ha vinti due può permettersi il lusso di parlarne con rispetto, ma con verità. Intanto c'è la questione del dibattito, anzi del «dibbbbattito» con quattro b.

Nella preparazione del congresso del '23, ad esempio, la frase più interessante per capire il livello del ragionamento è quella del più ascoltato guru del pensiero dem, Goffredo Bettini. Che come al solito non le manda a dire: «Dobbiamo recuperare la scintilla della Rivoluzione d'ottobre».

La giovane segretaria regionale del Friuli-Venezia Giulia, scelta da Enrico Letta per rinnovare il partito come candidata per il seggio di Trieste, elogia Lenin. Ed è quella che rinnova. Ti immagini chi sono quelli che invece vogliono restaurare?

Persino un riformista storico, diventato espressione della sinistra radicale per mera esigenza di opportunità, quale Roberto Speranza, cresciuto socialista in una regione di democristiani e comunisti, attacca il neoliberismo.

È il congresso del '23, ma sembra quello del '21. Solo che sembra quello del 1921. Quello di Livorno, insomma. Quello della scissione tra socialisti e comunisti.

Il congresso tra gli iscritti lo vince Stefano Bonaccini, presidente della regione Emilia-Romagna, ma quando si fanno le primarie, qualche settimana dopo il voto dei tesserati, ai gazebo si recano molte persone della sinistra più radicale.

Molte, oddio, ora non esageriamo. Quando le primarie le facevamo noi stavamo tra i due e i tre milioni di partecipanti. Ora siamo a un milione di voti scarso.

La verità è semplice: non è che Bonaccini perde perché vanno ai seggi i grillini. Bonaccini perde perché ai seggi non vanno i riformisti. Perché in un partito che recupera la scintilla della Rivoluzione d'ottobre, che cosa ci sta a fare un riformista?

È la mia tesi, da tempo.

Credo che esista uno spazio riformista, alternativo al sovranismo della Meloni e di Salvini, ma molto distante dalla sinistra radicale, che questo Pd non intercetta più. Parliamoci chiaro: se elogi Lenin, fatichi a prendere il voto del piccolo e medio imprenditore, della partita Iva, del giovane laureando. E anche del pensionato che si ricorda che cosa è stato il comunismo oltre la Cortina di ferro. Una di Trieste che elogia Lenin può solo ringraziare di essere nata nel secolo giusto. Perché a qualche chilometro di distanza da casa sua ci sono le foibe a ricordare che cosa è stato il comunismo nel ventesimo secolo.

La mia speranza con Italia Viva era dare una casa, o quantomeno un tetto, a tutti quelli che non riconoscendosi nella destra sovranista volessero continuare la battaglia riformista che aveva animato l'esperienza del nostro governo. Ma anche richiamare l'idea originaria costitutiva del Partito democratico di Veltroni, un'esperienza che si richiamasse a Bill Clinton e Tony Blair, non a Jeremy Corbin e Jean-Luc Mélenchon.

Quel disegno è stato minato in partenza dalla incredibilmente tempestiva apertura della più stupefacente inchiesta politica degli ultimi anni, quella su Open. Parliamoci chiaro: tante indagini giudiziarie si sono concluse con un nulla di fatto. Il buco nell'acqua non è una prerogativa solo della Procura di Firenze. Ma nel caso di Open l'incredibile e straordinaria coincidenza tra il mio abbandono del Pd e l'apertura di un'indagine, con tanto di perquisizioni a tappeto eseguite con più personale di quello mandato nel trapanese a cercare Messina Denaro, ha portato a uccidere nella culla il progetto di fare di Italia Viva quell'esperienza che ripetesse l'operazione Macron-socialisti francesi. Volevo cioè svuotare l'anima riformista del Partito democratico offrendo una casa diversa a chi non poteva stare con Conte «fortissimo punto di riferimento dei progressisti», come diceva ancora il guru Bettini. Ma se quando parte il progetto stai per mesi sui media come uomo che prende finanziamenti illeciti – accusa talmente assurda da non essere non solo provata, ma neanche lontanamente immaginabile – non sarai mai attrattivo.

Beh, il passato ormai è passato. Non si torna indietro, meno che mai al 2019.

Italia Viva ha svolto comunque una funzione salvifica per il Paese mandando a casa Conte e portando Draghi, e poi creando le condizioni per la presenza in parlamento di un Terzo Polo che senza Italia Viva non avrebbe avuto non solo i voti, ma neanche le firme per presentarsi.

E Italia Viva rappresenta anche per le europee 2024 la sola speranza di un'alternativa agli influencer di destra e di sinistra. Influencer italiani, influencer europei. Dunque possiamo e dobbiamo essere non solo soddisfatti, ma anche orgogliosi di quello che abbiamo fatto.

Il tema del costruire una casa per i riformisti, tuttavia, è un dossier ancora attuale. E penso di non sbagliare quando affermo che sarà il grande tema politico nell'arco di tempo che intercorrerà tra le europee e le politiche.

Torniamo al 2023.

La vittoria di Elly Schlein è la vittoria di una giovane donna, entrata al Parlamento europeo nel 2014 grazie allo straordinario risultato del 40,8%. Molti di quelli che si lamentano della vecchia gestione del Pd hanno questo in comune: sono entrati in lista in nome del rinnovamento generazionale espresso dall'allora gruppo dirigente e sono entrati nelle istituzioni grazie all'incredibile risultato di quella tornata elettorale che permise l'attribuzione di seggi che in tutte le altre elezioni non sarebbero mai scattati. Sì, è vero, molti di costoro – Elly inclusa – si dimenticano di questo piccolo particolare: il Pd che giudicano fallimentare, il Pd renziano, è il Pd che ha permesso loro di iniziare a fare politica. Ma non dobbiamo prendercela a male. Scriveva Gabriel García Márquez: «Ricordare è facile per chi ha memoria, dimenticare è difficile per chi ha cuore».

E noi che abbiamo cuore non dimentichiamo. Non dimentichiamo l'ingratitudine certo. Ma la gratitudine non è una categoria della politica, potrei tenere un master sul tema. No, non dimentichiamo le frasi più belle che questi nuovi leader avevano l'abitudine di dire anche solo qualche anno fa.

Prendete Elly Schlein. All'inizio della sua carriera aveva attaccato tutti quelli che poi sono stati decisivi nell'aiutarla a vincere le primarie, contro Bonaccini e contro gli iscritti.

Enrico Letta, ad esempio: «Se fanno premier Enrico Letta, con tutti i danni che ha già fatto solo nel Pd, la marcia su Roma la faccio io» scriveva nella primavera 2013. Letta ha fatto il premier, ma fortunatamente Schlein ha desistito dal proposito della marcia su Roma. Anche perché il governo Letta è stato fermato prima che facesse troppi danni. E allora giù botte da orbi contro le attuali colonne della maggioranza schleiniana: «Nel Pd non c'è solo gentaglia, sono mica tutti Francesco Boccia» o ancora «Franceschini è il simbolo della vecchia dirigenza. Ma è nella lista per la nuova assemblea nazionale». Per non dire la sintetica dichiarazione d'amore verso Travaglio: «Quel sorrisetto del cazzo di Travaglio che potrebbe avere solo uno stronzo che ha altri due passaporti nella tasca interna dei pantaloni». Non sappiamo quanti passaporti abbia Travaglio, quanti Schlein, quanti tutti gli altri. Ma la definizione del sorrisetto del direttore del *Fatto* non è oxfordiana e tuttavia rende l'idea.

Ho citato alcuni dei vecchi tweet della nuova segretaria del Partito democratico – omettendo per carità di patria quelli su Giorgio Napolitano – per introdurre la domanda cardine di questo capitoletto. Posto che Meloni, Conte, Salvini sono influencer possiamo definire tale anche Elly Schlein?

È un tema complesso. Anche perché la nuova classe dirigente del Nazareno sembra più uscita da un'occupazione studentesca che non dalla Casaleggio e associati. Più che influencer mi sembrano influenzati e influenzati dall'ideologia, non da altro. Del resto Vincenzo De Luca, presidente della Regione Campania e critico tra i più severi del nuovo corso del Pd, spiega candidamente la sua opinione: «Abbiamo un gruppo dirigente a metà tra lo *Zecchino d'Oro* e Lotta Continua».

D'altra parte la divisione mondiale dove la sinistra vince quando si schiera con Blair e presumibilmente con Starmer e perde quando candida Ed Miliband e Jeremy Corbyn è chiara soprattutto nelle dinamiche del Regno Unito, ma potrebbe essere replicata cambiando i nomi dalla Francia agli Stati Uniti alla Germania. Si vince al centro. Non necessariamente con leader moderati o centristi, sia chiaro. Anzi, forse questo non è il tempo dei moderati, la stagione dei leader saggi e responsabili. Ma si vince occupando lo spazio politico che il centro offre.

Elly Schlein saprà occupare questo spazio? Credo di no, ma sarebbe ingeneroso giudicare adesso.

I suoi primi atti che non mi convincono sono essenzialmente tre.

Il primo: la cancellazione dello strumento delle primarie. Ciò che ha permesso a Schlein di rovesciare il risultato degli iscritti, ribaltando il successo parziale di Stefano Bonaccini, diventa parola tabù nelle designazioni di molti candidati locali. Su tutti il caso della Sardegna, dove il nuovo Pd sacrifica la candidatura di uno dei fondatori del partito, che addirittura faceva parte dei 45 storici ispiratori del percorso dei democratici, vale a dire Renato Soru, per candidare con entusiasmo una parlamentare grillina, Alessandra Todde. Indipendentemente da quello che sarà il risultato, la scelta di ignorare la richiesta delle primarie e decidere d'imperio di sostenere una grillina contro un ex presidente del Pd, ex parlamentare europeo del Pd, ex fondatore del Pd, denota che con la gestione Elly Schlein il Nazareno insegue talmente il Movimento Cinque Stelle da apparire più come una corrente del grillismo che un partito autonomo. La sesta stella più che il glorioso Pd dei tempi di Veltroni e Soru.

Il secondo tema è quello dei diritti. Con la gestione Schlein si conferma e corrobora un impianto culturale del principale partito della sinistra, molto sensibile – come è comprensibile – al tema dei diritti. Tuttavia si ignora che se è giusto combattere sempre per i diritti, nel momento in cui si vogliono codificare delle novità occorre l'intelligenza politica del compromesso. Senza la quale ci si rinchiude nella riserva indiana dell'ideologia, quando non direttamente del fanatismo. Inutile partecipare a tutti i Gay Pride se poi in parlamento non si cercano le mediazioni. Perché chi va al Gay Pride ha tutto il diritto di manifestare a muso duro e chiedere tutto quello che vuole. Ma se tu stai in parlamento e conosci le regole della politica, i numeri delle coalizioni, i codicilli dei regolamenti, devi trovare una soluzione, non un alibi o un capro espiatorio. Quando il Pd lettiano decise di mandare a monte la mediazione Scalfarotto sulla legge dell'omotransfobia per insistere sulla Zan, sapendo che non sarebbe mai passata, la scelta di campo era già chiara: meglio perdere le battaglie in Aula, ma vincerle su Instagram. Con Elly questa tesi si è rinforzata e rilanciata. Il nuovo Pd sembra molto sensibile al tema dei diritti, meno attento alle questioni del ceto medio. E sia chiaro: è un errore mettere in contraddizione le questioni civili con quelle sociali. Ma se dedichi la maggior parte del tuo tempo solo ad alcuni dossier diventa naturale che tu sia percepito come lontano o chiuso in nicchie, per quanto esse siano eticamente rispettabili.

Il terzo gesto, forse il più evocativo, è il proposito avanzato dalla nuova segretaria, e poi prudentemente accantonato, di un referendum contro il JobsAct. Voi direte: eh, ma su questo sei di parte. Sì, assolutamente sì. Sono di parte perché considero il JobsAct una riforma che ha tenuto insieme le esigenze delle imprese e i diritti dei lavoratori e delle lavoratrici, a cominciare dalla sacrosanta cancellazione della pratica barbara delle dimissioni in bianco. Sono di parte perché ritengo che il JobsAct abbia aiutato a creare oltre un milione di posti di lavoro – secondo i dati Istat e secondo l'esperienza di tanti imprenditori che ancora oggi mostrano i risultati di quella normativa –, ma abbia anche creato più di un milione di troll, profili falsi, utenti inventati che hanno dato vita a una delle più incredibili campagne di mistificazione mai fatte sul contenuto di quella legge. Chi propone un referendum sul JobsAct non sa di che cosa parla, anche perché non indica nemmeno su quale punto fare un referendum.

E quando la Cgil licenzia il proprio storico portavoce, Massimo Gibelli, i media corrono a dire: ah, la Cgil licenzia utilizzando il JobsAct di Renzi. E qui si tocca il punto più basso della narrazione. Seguitemi perché sarebbe tutto da ridere, se solo non fosse gravissimo. I media pensano di cogliere in fallo il segretario della Cgil Maurizio Landini, storico fustigatore del JobsAct, dicendo che il dipendente del sindacato sia stato licenziato proprio grazie al JobsAct. Beh, sarebbe gustoso, in effetti. Ma come, compagno Landini, fai la morale sul fatto che io faccio licenziare le persone e poi l'unico che licenzia sei tu? E invece non è così. Non è così, perché è ancora più gustoso. Landini licenzia il proprio dipendente con la normativa in vigore prima del JobsAct. E la cosa incredibile è che se quel lavoratore fosse stato licenziato con il JobsAct, anziché con la normativa vigente prima, avrebbe avuto più diritti. Non meno diritti, più diritti. Avrebbe avuto più soldi. Il danno e la beffa. Il migliore spot all'utilità del JobsAct lo fa proprio la Cgil: Maurizio Landini è il testimonial della bontà delle nostre riforme, perché spiega benissimo perché il JobsAct aiuti i lavoratori. Nessuno avrebbe potuto mai immaginare una cosa del genere. Nemmeno Landini credo. Che infatti il JobsAct non lo ha nemmeno letto.

Che Elly Schlein si accodi al Landinismo per ristabilire quella che un tempo si chiamava «cinghia di trasmissione» ci sta. Ma che Elly Schlein faccia questo sul JobsAct significa che il Pd smentisce una legge voluta dal Pd, approvata dalla direzione nazionale del Pd, portata in parlamento dal ministro Poletti del Pd e dai capigruppo del Pd, spiegata in tutte le sedi del Pd e in tutte le feste dell'Unità. Non solo. Ma pur di attaccare il renzismo si arriva a sostenere che fosse meglio votare il reddito di cittadinanza contro il quale tutti i deputati del Pd – sotto la guida di Maurizio Martina e di Nicola Zingaretti (il fiorentino cattivo aveva già mollato la segreteria) – avevano addirittura organizzato in commissione l'ostruzionismo.

Signori, qui siamo alla follia. Un partito che è uno, nessuno e centomila. Un partito la cui identità viene stracciata sulla base di presupposti ideologici e senza alcun ancoraggio alla realtà. Un partito in cui i ministri di quel governo che votò il JobsAct e i parlamentari di quella maggioranza che votò il JobsAct dovrebbero fare adesso una campagna elettorale referendaria per cancellare il JobsAct e ripristinare il reddito di cittadinanza.

Quanto sembra lontano quel febbraio del 2014, dieci anni fa, quando il governo più giovane della storia, l'unico che abbia mai avuto la parità di genere, il più riformista degli ultimi anni, giurava al Quirinale con un governo a guida Pd, a maggioranza Pd, la cui nascita era avvenuta grazie a una direzione Pd, in streaming. Quel Pd – di cui oggi molti dem si vergognano – governava diciassette regioni su venti, seimila comuni su ottomila e prendeva più del 40% alle elezioni. Ed è giusto ricordare il ruolo decisivo che ebbe l'allora presidente della Repubblica Giorgio Napolitano. Ero certo che Napolitano non avesse grande voglia di convocarmi al Quirinale.

Un sabato pomeriggio di febbraio ho ricevuto una telefonata nella casa di Pontassieve dove allora abitavo con la mia famiglia. Ero impegnato in un cruciale torneo Fifa a tre alla Play Station. Stavo peraltro perdendo abbastanza male sia con Francesco sia con Emanuele. Quando vedo squillare il telefonino e lampeggiare il numero del Quirinale mi aggrappo all'iPhone. Prima ancora di chiedermi che cosa vorrà il presidente penso che la chiamata sia provvidenziale per interrompere il torneo con dignità. Ho sempre sospettato che i miei figli considerassero una scusa quella telefonata, ma in realtà Giorgio Napolitano non aveva nulla da chiedermi se non invitarmi a cena per il lunedì successivo. Era la prima volta che succedeva. Qualcosa di nuovo bolliva in pentola.

Ho capito dopo che quella cena era un esame. Uno dei tanti fatti con il presidente Napolitano. Perché anche quando ero premier, il presidente era uno che ti costringeva a studiare, a stare sul pezzo, a non rispondere in modo superficiale. Difficilmente mi preoccupo prima di incontrare chicchessia. Ho un carattere deciso e, come forse si è notato, sono tendenzialmente ben consapevole della forza delle mie idee. Con Napolitano, invece, era sempre un esame, specie all'inizio, nei primi mesi del governo: come quella cena che poi ho capito essere stata decisiva per attribuirmi la responsabilità di formare l'esecutivo.

O come quando – ero già premier – mi chiese se ricordassi quale fosse l'atto presidenziale sottratto alla controfirma del presidente del consiglio. Questa non la sapevo, ma non ero a scuola dove puoi giustificarti, nei divanetti del Quirinale ti conviene arrenderti. «Non lo so, presidente.»

E lui soddisfatto mi guarda e mi dice: «Le mie dimissioni. Quando ti dimetterai tu, il presidente della Repubblica sarà chiamato alla controfirma. Ma le dimissioni del presidente della Repubblica non richiedono la controfirma del presidente del Consiglio, sappilo».

Il messaggio era chiaro. «Caro Matteo, non insistere cercando di prolungare la mia permanenza, qui. Ormai ho deciso di andarmene.»

Effettivamente volevo che Napolitano arrivasse a inaugurare l'Expo nel maggio 2015. Ma dopo il dolore che aveva provato nel prepararsi all'interrogatorio dei Pm di Palermo nell'ambito della cosiddetta «Trattativa», un processo finito ovviamente nel nulla, come molte iniziative dei professionisti dell'antimafia, Giorgio aveva deciso di dimettersi. Me lo disse subito dopo l'interrogatorio. Era ancora l'autunno del 2014. «Ti lascio finire il semestre di presidenza europeo perché devi portare a casa la flessibilità per il Paese,» mi disse «ma quando scade il semestre io me ne vado.»

Un brivido mi passò lungo la schiena. Avevo il problema di terminare il percorso delle riforme e Berlusconi sembrava convinto ad andare avanti. Ma sapevo che sull'elezione del nuovo presidente con Forza Italia non sarebbe stato facile trovare un punto di equilibrio, perché dentro l'allora *inner circle* di Berlusconi e nel mondo dalemiano del Pd in tanti aspettavano l'elezione del capo dello Stato – che si preannunciava difficilissima dopo il suicidio politico di Bersani con i 101 – per regolare i conti con me e far saltare anche il Nazareno. Volevo fare di tutto per convincere Napolitano a rinviare le dimissioni a maggio: in quel caso avrei chiuso la riforma elettorale e il passaggio decisivo della riforma costituzionale con l'appoggio anche di Forza Italia.

Napolitano fu irremovibile. Aveva deciso.

Ed effettivamente si dimise qualche ora dopo il mio discorso a Strasburgo e dopo che Jean-Claude Juncker aveva annunciato la flessibilità per 30 miliardi di euro, operazione che salvò il bilancio italiano e del quale molti fingono di non ricordarsi.

Non tocca a me dare un giudizio "storico" alla presidenza Napolitano. Sarà interessante nel corso degli anni cercare di capire di più e meglio alcune scelte. E anche il suo modo di intendere l'istituto stesso della presidenza. L'Italia ha una Costituzione che è già nella sostanza semipresidenziale. Se il presidente intende utilizzare in modo estensivo i propri poteri, su molte cose il suo apporto è decisivo. Non condivido il giudizio di quella destra che accusò Napolitano di aver valicato i propri poteri. Chi conosce la Costituzione sa che i poteri del presidente variano "a fisarmonica": si allargano e si restringono sulla base delle scelte dello stesso presidente. In alcuni passaggi l'impatto del Quirinale si è sentito molto, moltissimo. In altri meno. Penso che su un paio di passaggi, soprattutto nei primi anni degli anni

Dieci, Napolitano abbia avuto un ruolo decisivo nell'indirizzo dello Stato. Erano i momenti della rottura con Berlusconi, dalla Libia allo spread. Si può comprensibilmente discutere della bontà politica di quelle scelte, non della loro legittimità, che è fuori discussione. Abbiamo una Costituzione in cui i poteri del presidente della Repubblica sono enormi, piaccia o non piaccia. Quando non sono esercitati è per scelta del presidente di turno.

Tengo per me – come è giusto – i tanti ricordi belli. Le risate sui nomi che si aspettavano di essere candidati come presidenti al posto suo. I suggerimenti di politica estera. Le battute ammirate sulla liturgia della Chiesa cattolica durante una cerimonia in Vaticano: «Vedi, loro hanno un'attenzione alle forme liturgiche bellissima. Sono meglio di noi su questo». E confesso che non ho avuto il coraggio di chiedergli se per noi intendesse il cerimoniale del Quirinale o più probabilmente l'antica liturgia della chiesa comunista. L'orgoglio per il lavoro con la regina Elisabetta e Barack Obama. I suggerimenti su come evitare di litigare troppo con la Casa Bianca su alcune piccole/grandi questioni di merito. La passione per l'Europa, autentica, profonda, genuina. Le battute su qualche ambasciatore/ambasciatrice. La foto insieme nell'ufficio del governo a Montecitorio mentre attendiamo l'elezione di Sergio Mattarella al quarto scrutinio. Il primo pranzo fuori dal Quirinale, a Casa Bleve. E spesso il riferimento all'età: «Ma ti rendi conto che hai esattamente cinquant'anni meno di me?» Lui del '25, io del '75.

Il parto del governo fu molto laborioso. Anche perché, come poi emerso sui media, il presidente Napolitano si oppose e non volle nominare Nicola Gratteri ministro guardasigilli. Le ragioni per cui io avevo scelto di chiedere la disponibilità a Gratteri, allora Procuratore aggiunto a Reggio Calabria, erano molteplici. Gratteri non apparteneva al sistema delle correnti, era totalmente fuori dagli schemi della politica, e soprattutto della magistratura, e per questo era apprezzato, ma anche temuto, innanzitutto da alcuni suoi colleghi. Io avevo un'ambizione smisurata e folle, che era quella di scardinare il sistema correntizio e pensavo che solo Gratteri fosse in grado di farlo. Gli telefonai mentre salivo al Quirinale per dirgli che l'avrei proposto e lui mi disse: «Presidente, lei non riuscirà a nominarmi ministro, lo sappia. Ma grazie di averci provato».

Il presidente della Repubblica mi illustrò pacatamente e civilmente le ragioni del suo dissenso. E quello che qui voglio dire – senza riaprire una polemica che non ha senso e che in aggiunta non può più vedere, purtroppo, una parte in grado di esprimere il proprio giudizio vista la scomparsa di Napolitano – è che io avevo tutto il diritto di proporre Gratteri e Napolitano tutto il diritto di non nominarlo. Perché questo prevede la Costituzione.

Ma questa è storia. Quello che interessa è che il governo riformista ha messo in campo delle leggi che hanno cambiato il Paese, dalla lotta all'evasione con la dichiarazione dei redditi precompilata e la fatturazione elettronica fino alle norme sul sociale, sull'autismo, sul dopo di noi, sul terzo settore. Dalla più grande operazione di investimento sulla cultura mai fatta negli ultimi trent'anni fino alle politiche promosse dall'allora ministra Federica Guidi su Industria 4.0 e sul sostegno alle imprese. L'elenco potrebbe continuare a lungo, ma la rievocazione storica va bene nei cortei, non nei libri.

Quello è il passato. Ora è tempo di futuro. Ma prima di affrontarlo, anche sotto il profilo personale, dobbiamo fermarci per qualche pagina e fare il punto sulle aggressioni giudiziarie a quello che è stato definito *Il mostro* e ai suoi amici.

9
IL MOSTRO TER

«Se non mi ha fatto paura il fulmine, immaginate il tuono.»

VLADIMIR MAJAKOVSKIJ

Ho inaugurato il Palazzo di Giustizia di Firenze quando ero sindaco, ma non lo amo granché. E non è che non lo amo perché ormai ne sono diventato un assiduo frequentatore, per colpa della follia ideologica della Procura di Firenze, che si è talmente concentrata sui miei presunti, ma inesistenti, reati in modo talmente accanito da violare la Costituzione e le leggi. Bel lavoro, non c'è che dire. Peraltro – come vedremo – in un momento in cui a Firenze si sono consumati reati orribili che sono stati figli anche della sottovalutazione della Procura, come nel caso dell'ex Hotel Astor con rapimenti di bambini e tentati omicidi commessi anche per l'ignavia dei giudici che avrebbero dovuto sgomberare l'immobile ma erano troppo impegnati a occuparsi di altro.

No, non amo il Palazzo di Giustizia perché architettonicamente non mi convince con quelle forme discutibili, con quell'altezza sgraziata per una città-confetto come Firenze. Non mi piace esteticamente. Mi sembra brutto, ecco, l'ho detto.

Ancora più brutto mi è sembrato il Palazzo di Giustizia la mattina del 6 ottobre 2023 quando, entrando nel corridoio del quarto piano, ho incrociato lo sguardo di Marco

Travaglio. Oddio, incrociato lo sguardo no. Travaglio è uno che non ti guarda mai negli occhi, non gli riesce. Magari è timidezza, senso di colpa, codardia, imbarazzo, pudore. Non so. So solo che proprio non ce la fa. Una volta – quando ancora veniva in studio alle trasmissioni – glielo dissi pure in faccia. Ora invece non partecipa più, come tutti, seduto in studio ma si collega dal suo ufficio così da fare pubblicità al suo quotidiano, *Il Fatto*, che da anni perde copie con un ritmo impressionante. Se non ci fossero i gettoni delle ospitate tv e un accordo commerciale con un colosso televisivo fatto ai tempi del governo Conte, Travaglio e i suoi della società editoriale del *Fatto* sarebbero già gambe all'aria. Ma questa è un'altra vicenda di cui, ve lo prometto, ci occuperemo presto.

Arrivo al Palazzo di Giustizia per discutere una causa di risarcimento danni che ho intentato contro *Il Fatto Quotidiano*.

Travaglio è rannicchiato nel corridoio a scrivere. Saluto con la consueta educazione. Poi, quando il giudice ci fa entrare, mi trovo nella stessa situazione in cui ci siamo trovati decine di volte: l'uno contro l'altro. Anche questo è strano: perché un giornalista deve fare la controparte di un politico anziché limitarsi a fare domande? Non c'è da nessuna parte al mondo un sistema in cui il giornalista fa l'avversario politico. Il giornalista dovrebbe fare domande e il politico dare risposte. Se invece si vuole un dibattito, allora devono essere i due politici a scontrarsi con un giornalista a moderare. Le democrazie liberali hanno fatto sempre così. Da noi invece ci sono talk show costruiti a uso e consumo di alcuni giornalisti (non tutti, fortunatamente) che prendono i loro gettoni per attaccare il politico, non per intervistarlo. Io vorrei essere attaccato in tv, non ho paura, anzi: funziono meglio quando sono sotto stress. Ma vorrei che mi attaccassero i grillini o i Fratelli d'Italia o i leghisti.

Non un giornalista. Perché i politici devono rispondere ai giornalisti, non replicare ad attacchi.

Da anni combatto per cambiare questo sistema. Al momento inutilmente. Ma chissà, prima o poi le cose prenderanno un'altra piega.

Ho sempre nella mente una puntata della trasmissione televisiva, *Otto e mezzo* di Lilli Gruber del 2021. L'ultima volta in cui sono stato invitato da lei.

Erano appena usciti i documenti sequestrati al mio amico Marco Carrai in ordine al procedimento Open e *Il Fatto Quotidiano* li aveva pubblicati integralmente, contravvenendo a una precisa disposizione di legge, l'articolo 684 del codice penale. Ovviamente la violazione di questa norma da parte delle redazioni viene sempre bellamente ignorata, ma questa è un'altra storia.

Sulla base di queste carte fanno il processo a me la conduttrice, Marco Travaglio e l'allora direttore de La Stampa Massimo Giannini.

Io replico punto per punto, anche perché chi ha ragione non deve arrabbiarsi ma deve rispondere. E le mie considerazioni sono interrotte dalle voci dei giornalisti che si accavallano sopra le mie. «Erano tre contro uno, incredibile. Tu sei stato bravissimo, però» mi dice al telefono il giorno dopo persino l'editore de La7, Urbano Cairo. Cioè persino il padrone di casa si sconvolge per quello che è accaduto.

La storia racconta cosa è successo in questi tre anni.

Si è scoperto che il sequestro delle carte di Carrai era illegittimo. Che i giudici, cioè, non avevano rispettato le regole. I giudici, non Carrai.

Quelle carte non potevano essere pubblicate, ma *Il Fatto* aveva ignorato l'articolo 684, e addirittura andavano distrutte.

Eh già: me le prendi in modo illegittimo, le pubblichi in modo illegittimo e poi chi le distrugge?

Non solo, ma *Il Fatto Quotidiano* ha pure pubblicato, poi, una nota riservata destinata alla Commissione parlamentare sui servizi, anch'essa acquisita in modo illegittimo che contiene nomi degli agenti che lavorano per l'Intelligence italiana e racconta attività svolte dal servizio.

Una cosa che in un Paese normale costituisce violazione di segreto di Stato. Sapete qual è la pena per la violazione del segreto di Stato? In Italia arriva fino a vent'anni di carcere. Ma *Il Fatto* ha allegramente presentato la pubblicazione di questo materiale come giornalismo d'inchiesta, sostenendo che fossero carte pubbliche. Chissà se si scoprirà chi ha passato quelle carte. E chissà se mai si saprà quali sono i parlamentari – magari qualche grillino ex magistrato amico del *Fatto*? – che hanno potuto avere accesso alle carte nella sede del Copasir a San Macuto. Chissà.

Ma questa è una delle tante brutte storie di commistione tra pezzi delle Istituzioni e redazioni giornalistiche.

Torniamo a Travaglio.

Siamo davanti al giudice. Travaglio fa una filippica per difendersi. Finché va in tv, lo tengono protetto nel suo ufficio, lo fanno applaudire a comando, lo riempiono di soldi per ogni comparsata, Travaglio funziona. Quando però si è davanti a un giudice le cose cambiano. *Il Fatto Quotidiano* viene condannato a pagare e mi arriva un bonifico di quasi centomila euro. Era già accaduto con mio padre. Mi spiace solo che paghino le spese i piccoli azionisti che hanno creduto alla quotazione del *Fatto Quotidiano* alla Borsa di Milano. Già perché la società che edita *Il Fatto* è una società quotata, che deve dunque rispettare alcune regole di condotta. Va bè, anche di questo ci occuperemo presto.

Travaglio perde e paga. Ma ovviamente a *Otto e mezzo* – come a tutte le altre trasmissioni televisive – non lo dice nessuno.

Abbiamo un uomo che tutte le sere parla di legalità in tv

e in realtà è un pregiudicato condannato in sede penale in via definitiva che ha perso decine di cause di risarcimento danni per aver diffamato gli altri. L'idea che tutte le sere in tv a spiegarci il mondo ci sia un diffamatore mi lascia inquieto. Nel mondo della post-verità ognuno si racconta la sua verità. La verità oggettiva sembra sparire. E allora molto dipende dalle fonti di informazione qualificata che hai. Se chiami uno che spara opinioni per le quali poi viene condannato a risarcire coloro che insulta, voi capite che abbiamo un problema. A maggior ragione se questa attività Travaglio la fa a pagamento, per una cifra che non viene resa mai pubblica.

Due piccole proposte.

Come c'è la trasparenza per i parlamentari, ci sia la trasparenza anche per i giornalisti che fanno la morale in tv. Io ho diritto di sapere se quel singolo giornalista che tutte le sere entra in casa mia prende soldi e da chi. Vale per i politici – che infatti devono dichiarare le loro entrate – ma vale anche per i giornalisti. Perché l'informazione è cruciale per la democrazia, quanto e come la politica.

La seconda: *Il Fatto* e i grillini chiedono di allontanare i condannati dal parlamento e dalle liste elettorali. Sarebbe interessante – di conseguenza – allontanare anche i condannati per diffamazione dalle trasmissioni televisive. Oppure bisognerebbe mettergli una scritta in sovrimpressione: questo signore è stato già condannato tredici volte per aver detto il falso. Un po' come le scritte sulle sigarette: «Il fumo nuoce gravemente alla salute». Io ve lo dico, poi decidete voi se continuare a credergli o no.

Sono due piccole proposte e lo so che non passeranno mai.

In questo Paese se si chiede di avere per i giornalisti che vanno in tv le stesse regole che valgono per i politici, ti accusano di voler mettere il bavaglio. Ma l'unico bavaglio che vedo è quello per chi viene assolto dopo anni di processi: gli avvisi di garanzie e più ancora gli arresti finiscono in prima pagina con foto. Poi ti assolvono ma la notizia è in un trafiletto a pagina ventinove. Come sarebbe bello fare una discussione civile tra operatori dell'informazione e politici su questi temi.

Nel frattempo io continuo a testa alta. Vinco altre cause per risarcimento danni, a cominciare da *Dagospia* che dal giorno dopo mi attacca a palle incatenate. Continuo a combattere contro quel processo di mostrificazione senza precedenti di cui ho dato conto nel libro *Il mostro*, a cui rimando gli appassionati della materia. È stato in assoluto il mio libro che ha venduto di più, *Il mostro*. E questa cosa mi fa molto pensare.

Quando l'ho scritto non mi aspettavo questo successo. Ero stato abituato a pensare alla battaglia per una giustizia giusta come a una di quelle battaglie di retroguardia, da combattere in solitudine, con il plauso di pochi illuminati, non certo come a un argomento nazionalpopolare. La giustizia è uno di quei temi di cui gli esperti di comunicazione ti consigliano di non parlare sui social, perché non c'è interesse. Figuriamoci scriverci un libro. Eppure, i lettori mi hanno piacevolmente sorpreso al punto da dover fare un'edizione aggiornata, *Il mostro* bis. Certo, il libro non ha toccato solo il tema della giustizia, perché il processo di mostrificazione, come sa chi lo ha letto, è stato ben congegnato anche da certi media. Eppure, girando per l'Italia a presentarlo, leggendo le email che mi sono arrivate, il tema della giustizia è stato quello che più ha colpito e impressionato. Il motivo è che la malagiustizia è un dramma che colpisce tanti comuni cittadini, più di quanti si possa pensare. E guardando le statistiche, la fiducia nella magistratura divide gli italiani. Che iniziano a vedere, in percentuali consistenti, fini politici nell'azione di certi pm. O che più semplicemente, vedono assolto il mostro di turno che anni prima era stato sbattuto in prima pagina, mentre la certezza della pena diventa sempre più una chimera, così come la sicurezza nelle grandi città.

L'Italia ha attraversato grandi ondate giustizialiste, da tangentopoli alla stagione populista. Il populismo giudiziario è stato un elemento fondamentale della vittoria di Pirro grillina ma anche un connotato della destra di governo, quella di Fratelli d'Italia, che oggi si scopre, a convenienza e a corrente alternata, garantista.

Nel periodo successivo alla pubblicazione de *Il mostro* ho collezionato altre archiviazioni nei procedimenti penali che erano stati aperti contro di me, a cominciare da quello di Roma dove i miei amici Lucio e Niccolò Presta hanno dovuto subire tre anni di perquisizioni e indagini per avere conferma di quello che tutti sapevamo dal primo giorno: abituati a fare le cose per bene sempre, avevamo fatto le cose per bene anche sul documentario *Firenze secondo me*. E dopo una indagine scrupolosissima anche in questo caso archiviazione e via. Nessun titolone in prima pagina, solo trafiletti. Così va il mondo. E l'unica amarezza che provo non è per me, ma per la famiglia Presta, costretta a vivere sulla propria pelle un'ingiustizia inspiegabile.

Quello che doveva essere il grande processo Open – la prova delle malefatte mie e del cosiddetto Giglio Magico – sta diventando il più clamoroso autogol che la procedura penale abbia vissuto negli ultimi dieci anni. L'allora Procuratore capo di Firenze, Giuseppe Creazzo, il suo aggiunto, Luca Turco, il sostituto Antonino Nastasi si convincono che dietro la Fondazione Open, che tra le altre cose organizza la Leopolda, ci sia un giro di malaffare. È una tesi strampalata che le carte smentiscono se solo si ha l'onestà intellettuale di leggerle.

Ma il boccone è troppo ghiotto. Abbiamo appena lasciato il Pd e tentiamo di lanciare un'alternativa per il centrosinistra riformista. Sono tornato a dare le carte – cosa che farò comunque, come dimostra la vicenda Conte-Draghi – e intendo farlo fino in fondo. L'apertura dell'inchiesta tramortisce le nostre speranze perché tutti i media aprono per mesi su Open. Al Capone al confronto sembra un ragazzino. Vengono disposte perquisizioni impressionanti, centinaia di uomini su tutto il territorio nazionale vengono chiamati a rovistare nei cassetti delle mutande di persone per bene e non indagate, alla ricerca delle prove del finanziamento a Open. Ma siccome tutti i versamenti erano fatti con bonifici tracciati e regolari, bastava andare in banca senza bisogno di scomodare centinaia di finanzieri. Si faceva una richiesta alla banca e si mandavano i finanzieri, i carabinieri e i poliziotti a cercare i narcotrafficanti o i camorristi. O Matteo Messina Denaro, visto che se avessero spedito duecento persone a Campobello di Mazara avrebbero arrestato prima il Boss dei Boss. Ma a loro interessava un altro Matteo.

Bisognava dimostrare che Renzi aveva scalato il Pd partendo dalla Leopolda. Ma dai, non mi dire. Che notizia straordinaria. Chi l'avrebbe mai detto, eh? E che lo aveva fatto raccogliendo risorse. Già, come si fa in tutte le democrazie. Ma quelle risorse erano trasparenti e legittime.

Sapete che cosa non era legittimo, secondo la Corte di Cassazione? Il decreto di sequestro e di perquisizione.

Cioè di illegittimo in questa vicenda c'è solo l'attività dei pm, non la nostra.

Andare a prendere i telefonini, magari per verificare che cosa ci fosse dentro anche oltre la vicenda Open, è una cosa che non si può fare in un Paese democratico. Non è che un magistrato si sveglia e attenta alla privacy di un cittadino senza una ragione precisa e proporzionata.

Le sentenze della Cassazione contro la Procura di Firenze

sono cinque, tutte importantissime. Mettono un freno alla discrezionalità dei pm.

Pm che nel frattempo sono costretti da scandali a tornare a casa, come Creazzo, il Procuratore capo, nei guai per un'aggressione sessuale a una collega. O che sono costretti a difendersi dai propri colleghi, come Turco e Nastasi che dovranno affrontare un procedimento disciplinare al Csm.

Sconfiggiamo i Procuratori di Firenze davanti alla Cassazione ma lo facciamo anche davanti alla Corte Costituzionale.

Il loro modo di procedere non rispetta le norme dell'articolo 68 della Costituzione.

E il bello (il brutto) è che glielo avevo scritto quattro anni fa: «Guardate che io sono parlamentare. Per utilizzare certi documenti dovete formalmente chiedere autorizzazione al Senato. Sappiate che io sono favorevole a darvi tutte le carte che volete ma dovete rispettare le forme previste dalla Costituzione perché le leggi valgono per tutti. Anche per i Procuratori della Repubblica di Firenze».

Invece loro decidono di non rispondere alla mia lettera. E pensano di vivere in una Repubblica autonoma dove la Costituzione non conta. Il Senato pone il conflitto d'attribuzione. E ovviamente noi vinciamo e la Procura di Firenze perde, nonostante venga difesa in Corte da un autorevole membro della direzione nazionale del Pd. E già, perché in questo procedimento penale non solo il Procuratore Turco interroga come testimone dell'accusa un tandem composto da Pier Luigi Bersani e Rosy Bindi (hai capito su che solide basi poggia l'accusa? La testimonianza di Bersani e Bindi) ma poi, quando va in Corte Costituzionale per difendersi, sceglie l'avvocato Andrea Pertici, membro della direzione nazionale del Pd di Elly Schlein e da sempre avversario storico delle nostre riforme. Ma vi rendete conto di che commistione politico-istituzionale ci sia in questo procedimento casualmente aperto appena ho lasciato il Pd?

Quello che mi fa male è che la Procura di Firenze fa spendere allo Stato centinaia di migliaia di euro in intercettazioni, perquisizioni, documentazioni per un reato che chiaramente non esiste, visto che il finanziamento illecito è tecnicamente impossibile per la Fondazione Open. Ma lo fa comunque perché con ogni evidenza è convinta di trovare altro. E nel momento in cui non trova altro, perché noi siamo persone serie e quello che facciamo lo facciamo rispettando le leggi e alla luce del sole, anziché fermarsi e occuparsi dei reati che ogni giorno si commettono a Firenze (e da cittadino residente ho la sensazione che non siano pochi), questi magistrati vanno avanti.

Quando Luca Turco diventa reggente della Procura perché dopo lo scandalo sessuale e la mancata promozione l'ex capo Creazzo torna a Reggio Calabria, alla Procura minorile, a Firenze il capo degli inquirenti diventa lui. Ma mentre continua a imbastire e seguire processi su di me, mia madre, mio padre, mia sorella, mio cognato, il Procuratore capo facente funzione non si accorge – o, peggio ancora, decide di non intervenire o di non far intervenire i suoi – di una drammatica piaga nel cuore del capoluogo toscano.

Siamo nell'ex Hotel Astor, una struttura posta nel Quartiere 1, quello centrale, nelle immediate retrovie del centro storico.

Questa struttura viene occupata nel settembre 2022. Vi si riversano centinaia di persone, con molti minori, guidate soprattutto da un gruppo di peruviani. Correttamente il Comune chiede lo sgombero immediato. La Procura rifiuta di procedere.

In quell'occupazione abusiva piano piano succede di tutto. Non è solo il racket delle stanze con un posto letto pagato al clan criminale di turno. E non è solo la «solita» questione di droga. C'è molto peggio. Le violenze si accavallano finché nel maggio 2023 un uomo vola dal quarto piano. È un tentato omicidio ma neanche dopo questa follia la Procura decide di intervenire e sgomberare. Chissà di cosa si stanno occupando in quella fase gli uomini e le donne di Luca Turco. Magari non dei miei processi, chissà. Ma sicuramente neanche dell'Astor che rimane in questa situazione fatiscente nonostante gli allarmi e le denunce.

Sabato 10 giugno 2023 una bambina di cinque anni, Kata, sparisce nel nulla all'improvviso. La mamma era fuori e l'aveva lasciata con cuginetti e amici. Il padre è in carcere. Potete immaginare come può crescere una bambina di cinque anni in un contesto privo di ogni legalità. E quanta colpevole responsabilità ci sia in chi ha lasciato Kata e quelli come lei in una situazione così degradata.

Mentre scrivo non so che cosa sia davvero accaduto a Kata. Spero con tutto il cuore che sia viva. Che sia all'estero come alcune segnalazioni lascerebbero pensare. Ma da padre e da fiorentino mi vergogno di una città che un tempo era famosa per essere la culla dei bambini abbandonati creando – prima al mondo – una struttura come l'Ospedale degli Innocenti e oggi lascia che i bambini vengano rapiti perché la Procura di Firenze non sgombera un edificio che sia il Comune che la proprietà hanno chiesto di sgomberare. Ma quelli che allora guidavano la Procura evidentemente avevano altre priorità. E chi sbaglia non paga mai, perché?

Eppure è questo ciò che i cittadini si aspetterebbero dalla giustizia: la garanzia della loro sicurezza. Il tema delle occupazioni abusive è una piaga troppo spesso tollerata nelle nostre città. Dalle case private, il cui canone è spesso fonte di sostentamento per i proprietari che non sono certo ricche multinazionali, alle case popolari che vengono illegittimamente sottratte con la forza a chi ne avrebbe diritto. Anziani che vengono ricoverati in ospedale e che tornano trovando la loro casa occupata da altri, criminali senza scrupoli. Fino agli edifici, come l'ex Hotel Astor, che diventano centri di delinquenza e spaccio. E ancora, tutti quegli stabili occupati da sigle politiche di estrema destra ed estrema sinistra.

Tanto ci sarebbe da fare, per combattere l'illegalità. E su questo le procure serie si concentrano. Non sulla ricerca dei titoli sui giornali, ottenuti attraverso inchieste che crollano poi come fragili castelli di carta.

La Consulta ci ha dato ragione e ha annullato quei provvedimenti illegittimi.

Ha dimostrato che dalla parte della legalità stavamo noi, non i due pm.

La stampa l'ha definita una sentenza storica: storica non perché riguarda me, ma perché traccia un netto confine. Se la si dovesse riassumere in una sola frase, si potrebbe dire che ha dimostrato che anche i pm devono sottostare alla legge. Che ci sono dei limiti che non possono essere travalicati e che quei limiti sono stati scritti nero su bianco dai nostri padri costituenti.

I pm fiorentini dovranno adesso rivolgersi nuovamente al Senato per chiedere l'utilizzo di quella corrispondenza sequestrata in modo illegittimo.

Considero quel sequestro illegittimo, ma voterò affinché il Senato consegni alla Procura quella corrispondenza. Non ho nulla da temere, perché sono nel giusto e io non ho commesso alcun reato, a differenza a mio avviso dei pm.

La battaglia che ho combattuto e che ha portato alla sentenza della Corte Costituzionale non l'ho combattuta per me stesso, ma per la legalità. E per i tanti cittadini che non possono permettersi di pagare avvocati, dedicare tempo e denaro alla propria difesa. E che restano incastrati nel meccanismo distruttivo della malagiustizia. Quello che volevo era ristabilire un principio, quello della legalità. Ridare dignità alla politica e alla separazione dei poteri. Una dignità che troppo spesso nel corso degli ultimi anni la politica stessa si era negata. Ed è con la stessa determinazione che mi sto difendendo nel corso delle udienze su questa vergognosa inchiesta. In una di queste, è capitato che mi dovessi difendere anche da un attacco che definire irrituale è un eufemismo. Nell'aula di un tribunale, infatti, si intende per difesa quella realizzata a colpi di diritto, con cui i legali contestano le tesi dell'accusa. Non ti aspetti di certo che il pubblico ministero contesti all'imputato, per giunta parlamentare della Repubblica, un'intervista. E invece è accaduto perfino questo. Il dottor Turco ha polemizzato su una intervista che ho rilasciato a *La Stampa*, invitandomi a ripetere la frase rivolta a lui e ai suoi colleghi: «Non mi fido di voi». Naturalmente rivendico quella frase. E gliela ho ribadita in faccia con determinazione. Chi pensa di intimidirmi non mi conosce. Peraltro Luca Turco mi ha risposto: «Fa bene a non fidarsi di noi». Mai avuto dubbi in merito. Ma la prima cosa che ho pensato, a mente fredda, è stata: e se quella contestazione, quei toni, fossero stati rivolti a chi non ha come me la stessa visibilità, gli stessi spazi per replicare, le stesse spalle larghe?

Le azioni del dottor Turco saranno giudicate dall'organo competente, perché è in corso un'azione disciplinare del Csm nei suoi confronti. Mi auguro che, finalmente, questo nuovo Csm sancisca un principio sacrosanto: chi sbaglia, paga. Anche se indossa una toga. Da parte mia, mi sono limitato a mettere in fila, nero su bianco – in un esposto disciplinare che ho recapitato al presidente del Consiglio superiore della magistratura, al presidente della Corte di

Cassazione, al ministro della Giustizia, al presidente della repubblica – tutte le azioni del dottor Turco che a mio avviso violano la legge. Le ho stampate su un quaderno rosso, colore scelto non a caso, viste le attenzioni che mi riservano le cosiddette toghe rosse. Da ultimo una di loro, Eugenio Albamonte, leader di Area, in un'intervista ha detto che «Renzi è ubriaco di maggioritarismo».

Sinceramente non so se sia normale che un magistrato possa rivolgersi così a un cittadino. Immaginate cosa succederebbe se un parlamentare desse dell'ubriaco a un magistrato. Sarebbe messo immediatamente sotto processo, come minimo. È quello che è successo a me, per molto meno. Dovrò difendermi dall'accusa di diffamazione per essermi permesso di criticare l'azione della Procura di Potenza.

Il dottor Francesco Basentini, già sostituto Procuratore a Potenza e poi capo del Dap, Dipartimento dell'amministrazione penitenziaria, mi ha citato per diffamazione nei suoi confronti. E i suoi ex colleghi della città lucana mi hanno citato in giudizio.

Il dottor Basentini, oltre a essere stato a capo del dipartimento per volere del guardasigilli Alfonso Bonafede all'epoca delle rivolte nelle carceri esplose durante il periodo del Covid, e di cui avevo per questo chiesto in aula le dimissioni, è anche l'autore del clamoroso buco nell'acqua che prende il nome di Tempa Rossa, l'inchiesta che lambì Federica Guidi, ministro dello Sviluppo economico nel mio governo, e che portò alle sue ingiuste dimissioni. Ho molto sofferto vedendo patire la mia amica Federica e vedendo messa in dubbio la nostra correttezza.

Basentini oggi mi porta in tribunale per aver definito quell'inchiesta uno scandalo. Nel dubbio lo ripeto. E dico anche, nero su bianco, che il fatto che la Procura di Potenza porti a processo un parlamentare per aver espresso una legittima opinione è un atto eversivo e anticostituzionale.

Ma anche qui: io rispondo, replico colpo su colpo, ribatto. Un cittadino normale come può reagire?

Io faccio questa battaglia non per me, ma per chi non si può permettere di alzare la voce o spendere soldi per un ricorso.

Che poi molto dipende da chi incroci sulla tua strada in Tribunale. A Firenze per alcune cause civili siamo stati condannati in primo grado da una giudice, di nome Susanna Zanda, che ha una storia incredibile e per la quale è a sua volta davanti al disciplinare del Csm.

Come riporta David Puente su *Open*, la giudice Zanda firma nel 2019 un decreto per rimuovere il wifi nell'istituto comprensivo Botticelli di Firenze. La motivazione? Il wifi, secondo la magistrata, nuocerebbe alla salute. Il wifi. Arriva il Covid e la dottoressa Zanda sposta le sue attenzioni dal 5G ai vaccini, come racconta *Il Foglio*. Prende carta e penna e scrive al Csm. I vaccini contro il Covid vengono definiti «sieri sperimentali, causa di moltissimi decessi, che alterano il Dna» e «trattamenti genici sperimentali»; il green pass uno «strumento eversivo». Ovviamente, diventa subito un'eroina per le testate che più hanno accarezzato i lettori no vax, a partire da *La Verità*, che pubblica una sua strenua difesa.

Il procedimento che mi vede chiedere i danni a *La Verità* finisce nelle mani della dottoressa Zanda e del tutto casualmente – a differenza di ciò che accade con *Il Fatto Quotidiano* e *Dagospia* – io sono costretto a pagare le spese e non vengo risarcito. Eh sì, voi non ci crederete ma davanti alla dottoressa Zanda, *La Verità* non viene condannata a differenza di quanto era accaduto a tutti gli altri. Io non ho problemi e sono certo che vincerò in appello (fissato per il 2025, ahimè). Basta leggere le motivazioni per comprendere una certa confusione non solo giuridica.

Ma cosa può fare un cittadino qualunque se incontra una giudice che dice queste cose del wifi, del green pass, dei vaccini, dei sieri che alterano il dna? Ho l'impressione che la richiesta di fare test psicologici ai magistrati non fosse poi così campata in aria.

Troppi sono i casi di malagiustizia nel Paese. E troppi gli squilibri di potere. Per questo si invoca da più parti e da anni una riforma della giustizia.

Quando Carlo Nordio è stato nominato ministro della Giustizia, molti di noi hanno sperato che quel momento fosse arrivato. Il guardasigilli è un autentico garantista, un liberale e un vero galantuomo. Un riferimento per chi crede nella giustizia giusta di questo Paese.

Chi ci ha creduto, però, non ha fatto i conti con l'anima nera del governo. Quella cultura profondamente giustizialista che fa parte del dna di Fratelli d'Italia. D'altronde, i giovani missini erano fuori dall'hotel Raphaël a tirare le monetine a Craxi. E senza andare troppo indietro nel tempo, il partito di Giorgia Meloni è stato il miglior alleato del Movimento Cinque Stelle nella campagna giustizialista nei miei confronti e nei confronti dei ministri del mio governo.

Oggi, che a rischio sono i suoi, la premier dice in conferenza stampa di non aver mai chiesto in passato le dimissioni di qualcuno perché indagato. Non chiedeva le dimissioni di qualcuno effettivamente, ma di tutti i membri della squadra di governo, a cominciare dal caso di Federica Guidi, di cui abbiamo parlato sopra.

Giovanni Donzelli, luogotenente di Giorgia Meloni, ha passato gran parte dei suoi anni all'opposizione attaccando me, la mia famiglia, Maria Elena Boschi e la sua famiglia, i miei amici. Attacchi giustizialisti, non diversi da quelli che ci rivolgeva Beppe Grillo. Eppure, quando a essere arrestato è stato suo fratello, noi non abbiamo fatto lo stesso. E sono fiero di appartenere a una comunità che non utilizza il giustizialismo per fare opposizione. Quando Maria Elena, nel corso di un confronto a *Porta a Porta*, glielo ha ricordato, Donzelli ha risposto con una frase che mi ha colpito profondamente: «L'unica cosa che unisce le vicende di mio fratello a quelle che hanno riguardato Boschi è che la sua famiglia vota per il partito di Matteo Renzi e mio fratello uguale, ha sempre votato per il centrosinistra».

Quando si arriva a prendere le distanze da un proprio caro, solo per salvarsi l'immagine, ecco, per me si tocca il fondo. Quelli come Donzelli si dimostrano per quello che sono: persone senza un minimo di onore. Buoni a nulla, capaci di tutto, avrebbe detto Leo Longanesi.

Del resto se pensiamo che il sottosegretario di Nordio, Andrea Delmastro Delle Vedove, organizza un capodanno in cui in una festa con bambini vengono portate delle pistole, una anche da un parlamentare, e all'improvviso un colpo ferisce un uomo di trent'anni che si salva solo grazie al destino o alla Provvidenza. E il sottosegretario, anziché spiegare che cosa è successo e fare chiarezza, inizia a balbettare racconti confusi e contraddittori, al punto da ingenerare sospetti sul perché stia facendo racconti poco credibili. Insomma, comprendiamo che il ministero di Nordio ha un fuoriclasse alla guida ma è composto da persone impresentabili, a cominciare dal sottosegretario.

Ho posto il tema in Senato e ho scorto l'imbarazzo del ministro costretto a difendere l'indifendibile: un sottosegretario fedelissimo della premier e pertanto giustificato in ogni sua nefandezza compiuta ai danni del Dap o della Polizia penitenziaria. E mi è umanamente dispiaciuto per lui. Visitando Blenheim, il castello dove nacque Winston Churchill di cui Nordio è il massimo esperto italiano e conosce molti discorsi a memoria in lingua originale, ho pensato di omaggiare il ministro con una Magnum di Pol Roger, lo champagne preferito dallo statista inglese.

Che almeno beva per dimenticare di avere a che fare con un sottosegretario così imbarazzante.

Ma essendo Nordio veneto, credo che reggerà benissimo. E che l'immagine inquietante di Delmastro tra pistole e pistoleri gli resterà nella testa a lungo. Con questa gente penso che sarà molto difficile che il ministro Nordio riesca a portare a casa la riforma che lui per primo vorrebbe.

Finora, hanno visto la luce provvedimenti che di garantista hanno ben poco: sfilze di nuovi reati, uno per ogni caso di cronaca. E l'abolizione dell'abuso d'ufficio, che ci trova concordi, visto che la larghissima parte delle accuse finisce in assoluzioni. Ma che non può essere considerato la priorità di questo Paese. Aspettiamo quindi la separazione delle carriere, cominciando da quella dei magistrati capaci rispetto a quella degli incapaci.

Il principio per cui va avanti e fa carriera chi è capace, non chi è iscritto a una corrente. Quello per cui chi sbaglia paga, anche se indossa una toga. Se la riforma arriverà, noi ci saremo, saremo al fianco del ministro.

Ma io non ci credo più.

E mi dispiace, non per me. Io non ho bisogno di una riforma della giustizia per dimostrare che sono innocente. E spero lo siano anche i miei pm, ma su questo nutro qualche dubbio. No, sono i cittadini qualunque, sono le piccole e medie aziende che avrebbero il diritto di avere una giustizia giusta. Ma su questo tema non mi aspetto niente dal governo Meloni. Anzi, nei prossimi mesi prevedo tempesta.

10
IO, MATTEO

«Il modo migliore per verificare di essere vivi è controllare se amate i cambiamenti.»

NASSIM TALEB

Ci provo o non ci provo? Questa domanda amletica mi rimbalza in testa tutti i giorni per lunghe settimane.

No, non riguarda la candidatura alle europee. E nemmeno altre scelte di natura politica.

Il dubbio che coltivo silenzioso tra te e me è un dubbio diverso.

Provo o non provo a rifare la maratona?

Chi ha finito una maratona sa di cosa sto parlando.

Quarantadue chilometri e centonovantacinque metri (vi garantisco che nell'ultimo tratto si sentono anche i centonovantacinque metri) di corsa che mettono alla prova le tue gambe, certo, ma soprattutto la tua testa. Perché dopo i venti-venticinque chilometri è la testa a fare la differenza.

Io ho corso la maratona da sindaco per una delle mie innumerevoli e incredibili scommesse.

Campagna elettorale per Palazzo Vecchio, 2009. Volevo far colpo su un gruppo di podisti, il glorioso circolo della Nave a Rovezzano.

E allora, senza sapere bene di cosa stessi concionando, presi un impegno: se mai dovessi vincere le primarie prima e le elezioni poi correrò fino alla fine la Maratona di Firenze. Era tecnicamente parlando una follia. Ma del resto nei sondaggi ero dato tra gli ultimi nella corsa delle primarie e dunque le mie preoccupazioni erano più legate al risultato della corsa ai seggi che della corsa con le scarpette.

Ho uno strano rapporto con i sondaggi. Ma questa è un'altra storia.

In realtà la colpa di tutto è di Fiorello. Sì, sì, proprio di Fiorello.

Durante le vacanze di Natale 2022 ci incrociamo per caso in montagna. Mi dice che sono ingrassato, lo ringrazio di cuore.

E mi suggerisce la sua dieta, quella del cosiddetto digiuno intermittente.

Ho una stima infinita per Fiorello, davvero, sin dai tempi in cui frequentavo i villaggi Valtur dove ancora ricordo che il nome di questo brillantissimo animatore siciliano e quello del suo giovane fratello Fiorellino rimbalzavano di bocca in bocca tra gli ospiti di Nicotera, Pila, Capo Rizzuto, Ostuni. Ma non arrivo al punto da considerarlo un dietologo affidabile.

Mi rivolgo a un endocrinologo molto noto soprattutto tra gli sportivi, il dottor Fabrizio Angelini.

Mi spiega come fare. Mi indica come coniugare la dieta alla mia peculiare attività. E mi dice che se voglio posso rimettermi dopo dieci anni le scarpette da maratoneta.

Ci rimugino. E poi decido di provarci dopo solo un paio di mesi a Milano.

Due aprile. Bella giornata. Arrivo nel capoluogo lombardo dopo una settimana di conferenze negli Stati Uniti. Faccio al volo la visita medica sportiva. E passo il sabato sera a vedere la Fiorentina espugnare San Siro contro l'Inter. La cosa più incredibile è che quella sera tutti i tifosi interisti che incontro chiedono a gran voce l'esonero dell'allenatore nerazzurro Simone Inzaghi. È il primo aprile del 2023 ma questo non è un pesce. La sconfitta interna subita porta anche la dirigenza interista a riflettere se confermare o meno l'allenatore che viene pesantemente messo in discussione da una parte della tifoseria. Poi la fiducia viene confermata. E che succede? Nel giro di cinquanta giorni Inzaghi vince quasi tutte le partite portando la sua squadra a un passo dal trionfo in Champions League contro il Manchester City di Guardiola. Davvero nel calcio – come in politica – la ruota gira molto più velocemente di quanto uno possa immaginare.

Torniamo alla maratona.

Ho un amico fraterno che ha sempre corso con me le mie maratone. Si chiama Paolo, è un medico, eravamo compagni di classe, di scoutismo, di arbitraggio. Lui è molto più bravo di me nella corsa. Ha fatto decine di maratone. Ma stavolta non è preparato. Mi indica come fare. Partiamo insieme. Poi, dopo due chilometri, lui si sgancia e mi attende per gli ultimi quindici chilometri per sostenermi nella parte finale. La parte centrale della corsa la faccio da solo.

Durante la maratona devi bere, mangiare ciò che serve soprattutto per gli zuccheri, devi saperti gestire.

Io sono l'esatto opposto di uno che si sa gestire. Mi piace scapicollarmi, rischiare, dare tutto.

Ma mi impongo di prendere un ritmo e di mantenerlo. E riesco a farlo per tutta la gara, passando in incognito fra tutti o quasi.

Non avevamo detto a nessuno della gara tranne agli organizzatori all'ultimo minuto.

E questo ci consente di fare l'esperienza come tutti gli altri, senza scorte o particolari attenzioni.

Qualcuno mi riconosce e scambia due chiacchiere, come si fa in questi casi. Qualcun altro mi guarda sorpreso e dice: «E lei che ci fa qui?» oppure «Ma davvero la fa tutta».

Uno mi dice convintissimo: «Oh, ma sa che lei assomiglia tantissimo a Renzi?» Riesco a non ridergli in faccia e non rispondo fingendo di non avere fiato per farlo. Fingendo sino a un certo punto, si capisce.

Non mi insulta nessuno o quasi. Solo una signora, elegantissima nei suoi improperi, grillina. Mi supera intorno al venticinquesimo chilometro. Si vede che ha capito chi sono e fa proprio uno sforzo per superarmi. E mi indirizza uno di quegli slogan del Beppe Grillo prima maniera, inconfondibile. Ci aggiunge un poco garbato riferimento al fatto che dovrei andare in carcere anziché a correre. Non rispondo. La lascio andare. Ma passo i chilometri successivi a pensare: «Quella adesso la riprendo».

E così infatti accade al trentaduesimo chilometro. La supero. Lei infatti per mandarmi a quel Paese ha fatto uno sforzo di accelerazione che non le conveniva fare. E adesso lo paga. Perché mentre io mantengo il mio passo, lei va in crisi. Le passo accanto. Non dico niente. Non le replico. Non le sfodero una battutina. Però la guardo fissa, anche girandomi volutamente dopo averla sorpassata. È un silenzio che parla.

E che dice che nella vita politica, come nella maratona, si può fare gli splendidi quanto ci pare ma poi qualcuno ci porta il conto.

Che poi mi scappa da sorridere pensando che l'unico parlamentare che sapeva del mio desiderio di fare la maratona era proprio un grillino.

Già, perché il capogruppo del Movimento Cinque Stelle – Stefano Patuanelli, persona seria al di là della diversità di idee che ovviamente ci distingue – è stato in gioventù un atleta. E a lui confesso il mio dubbio sul fare o no la maratona, i miei progressi nell'allenamento. A lui chiedo consigli tecnici. L'elegante signora del trentaduesimo chilometro non saprà mai che proprio il capogruppo del suo partito mi ha aiutato a preparare la maratona. Ma forse, questa signora senza nome avrà capito che lei, proprio lei, mi ha aiutato a finirla, la maratona. Mi ha dato un obiettivo. E sono persino riuscito a non sprecare fiato rispondendole. Tutte le volte che sui social qualcuno mi insulta penso che questi haters con me ottengono l'obiettivo opposto: mi stimolano a fare di più, a fare meglio, a fare prima.

Nel frattempo Paolo mi raggiunge. Facciamo gli ultimi chilometri mantenendo più o meno lo stesso ritmo. E arriviamo al traguardo in meno di quattro ore, mio record personale. Non ci avrei scommesso mezzo centesimo, solo qualche giorno prima quando ancora dubitavo di partecipare alla corsa. La maratona di Milano diventa per me la dimostrazione che nessun obiettivo è irrealizzabile se ci credi davvero. Alla fine in un anno ho perso otto chili, grazie alla corsa, alla dieta. E ovviamente a Fiorello.

Finisco la maratona e da Milano un volo mi porta di corsa in Asia. Continuo a girare per il mondo nei ritagli degli impegni in Senato. Ho molte collaborazioni e tutte mi piacciono. Gli *advisory board* spaziano dalla medicina personalizzata e dalle biotecnologie applicate alle scienze fino al private equity; seguo realtà di venture capital aiutando a capire il futuro delle startup fino all'intelligenza artificiale. Aiuto realtà di qualità italiane all'estero e tengo corsi in università tra le più prestigiose al mondo. Alcuni governi mi chiedono consulenze sulla cultura e sull'urbanistica, anche alla luce della mia esperienza di sindaco di Firenze.

Queste conferenze all'estero, questi incarichi internazionali sono attività professionali che svolgo fuori dai confini ma su cui pago le tasse in Italia. Non capisco perché vi siano così tanta rabbia e tanto odio nei miei confronti. Eppure anche altri ex premier, anche italiani, hanno fatto le stesse cose. Perché solo a me viene riservata cotanta attenzione negativa?

Perché la mia dichiarazione dei redditi deve essere attaccata se pago molte tasse? Forse sarebbe il caso di arrabbiarsi con chi le tasse non le paga, non con chi come me contribuisce alla vita del Paese.

Eh, ma tu lavori – tra gli altri – con i sauditi. Sì, e ne vado fiero. Perché chi capisce la politica estera – in parlamento e tra gli addetti ai lavori purtroppo sono sempre meno – sa perfettamente che l'Arabia Saudita è un player fondamentale per il futuro geopolitico del pianeta. E chi come me aveva intuito questa cosa ben prima di tutti gli altri oggi non pretende che gli venga riconosciuta la ragione, ma che almeno ci sia l'onestà intellettuale di ammettere come sono andate davvero le cose. Il lavoro che ha svolto Mohamed Bin Salman nel cambiamento strutturale dell'Arabia Saudita è davvero impressionante e lo ripeto oggi – tre anni dopo essere stato attaccato per questo –: è davvero paragonabile a ciò che è accaduto nel Rinascimento in Italia. Per negare questa similitudine bisogna non sapere nulla di ciò che sta avvenendo a Riyad, Diriyya, Al'Ula, Neom, Gedda o sulle coste del Mar Rosso. Oppure, più banalmente, basta non sapere nulla sul Rinascimento.

Ma un dibattito vero sulla politica estera non si può fare con chi vive la politica da influencer, anziché da statista.

E allora continuo ad andare in Senato, come è ovvio, ho buone percentuali di presenza, intervengo in molte occasioni.

Vivo la vita del parlamentare non come un peone alla prima legislatura ma cercando di non far mancare il mio impegno. Anche ponendomi gli interrogativi tipici di chi si sente in colpa quando accadono fatti come quello che riguarda il collega e amico Bruno Astorre, del Partito democratico, che si è tolto la vita precipitando da uno dei palazzi del Senato. Quando intervengo in Aula per commemorarlo ripenso alla stupenda *Preghiera in gennaio*, la canzone che Fabrizio De André scrisse in memoria di Luigi Tenco. Ne cito un passaggio. E mi rendo conto che davanti al mistero della vita e della morte, della depressione e della malattia, non c'è colore politico che ci divida ma solo la domanda di senso, l'esigenza di significato della nostra esistenza.

Vivo dunque una dimensione diversa dal tradizionale impegno politico. Non sono più in prima fila, non ho responsabilità di primo piano, posso permettermi di coltivare le domande più vere, fare le riflessioni più profonde. Mi prendo anche qualche lusso come quello di farmi intervistare da una penna storica e splendida di *Repubblica* come Natalia Aspesi, per il *Venerdì*. Un'intervista totalmente diversa dal solito, fatta a casa Aspesi spaziando su tutto, dal governo Meloni alla libertà fuori da Palazzo Chigi, da Salvini fino alla richiesta di sapere se mi tingo i capelli. Spoiler: nessun pregiudizio verso gli uomini che si tingono ma io non l'ho mai fatto e credo di poter dire che mai lo farò.

Assumo la direzione di un quotidiano prestigioso quale *Il Riformista* per portare avanti le mie battaglie, non solo quelle garantiste ma anche quelle educative, contro la cancel culture, sull'intelligenza artificiale, sul no a nuove tasse, sulla terza via ambientale. Intervisto Luciano Spalletti fresco vincitore dello scudetto del Napoli e Stefano Guarnieri, manager fiorentino a cui un uomo sotto effetto di sostanze stupefacenti e di alcool ha ucciso il figlio diciassettenne. E da quel dolore è nata una delle leggi del mio governo.

A rompere l'idillio arriva la decisione di Carlo Calenda, improvvisa nei tempi e assurda nei modi oltre che suicida nella sostanza politica, di rompere la federazione del Terzo Polo che le assemblee dei rispettivi partiti avevano richiesto. Nel motivare la sua scelta Calenda ha cambiato idea più volte. Prima era una questione di congressi da fare o non fare, poi di soldi del due per mille, poi di conferenze all'estero, poi delle mie indagini (alla faccia del garantismo), poi il non volere a nessun costo la Leopolda. Alla fine la frase più esplicita: «Non mi fido di Renzi». Parliamoci chiaro: meno male che non si fida. Non fidandosi ha fatto il viceministro dopo essere stato comunque bocciato dagli elettori nel 2013, ha fatto il ministro, l'ambasciatore. È stato sostenuto come parlamentare europeo nel 2019. Poi è stato aiutato come candidato sindaco di Roma e anche qui non ha raggiunto il ballottaggio. Poi è stato individuato (dal sottoscritto, non dalle primarie) come leader del Terzo Polo. E gli sono state date le liste senza le quali Azione non si sarebbe potuta presentare nel settembre 2022. Però lui dice adesso che non si fidava di me, eppure ha avuto in grazioso dono tutte queste cose: pensa se non si fosse fidato.

La verità è che io non ho mai replicato a Calenda, neanche quando ha detto falsità, perché trovo questa polemica surreale. Non ho mai replicato nemmeno quando ha utilizzato toni giustizialisti e vetero-grillini con le sue insinuanti affermazioni demagogiche e false, da Soros ai conflitti d'interesse.

C'era uno spazio politico enorme per il Terzo Polo. Calenda ha scelto di sprecarlo. È come uno che butta via il biglietto della lotteria pensando che non sia vincente. Carlo è un Mario Segni che non ce l'ha fatta. Peccato.

Quanto a me riparto da Italia Viva. Facciamo il congresso. Qualcuno se ne va, molti di più arrivano. Non replico alle polemiche, non voglio vivere rotolando nel fango. Come diceva Paul Claudel, a me piace ammirare, non invidiare. Chi vive di invidia, vive male. Chi vive lamentandosi degli altri, vive male. Chi vive sparlando a bassa voce nei corridoi, vive male. Mi dispiace per lui/lei: ma lo/la ringrazio. Perché mi ricorda come io non sono e non sarò mai.

I miei amici mi dicono: «Ma chi te lo fa fare di lottare nel fango con chi ti odia perché non sarà mai come te? Lascia. Buttati ora nel privato. Hai idea che ti offrirebbero un incarico di grande prestigio e ben pagato?»

Ci ho pensato a lungo, ci penso ogni giorno e non escludo che un giorno manderò in minoranza la mia voglia di lottare.

Ma per ora no.

Più vedo il mondo fuori e più mi rendo conto di come sarebbe meglio per me abbandonare tutto il carico di odio, di polemiche, di violenza verbale. Dopo il suicidio di una ristoratrice diventata oggetto di polemiche virali scrivo sui social un post per aprire un dibattito: «È difficile capire che cosa si prova quando il primo che passa per la strada o sui social pensa che sia suo diritto insultarti, denigrarti, offenderti. Bisogna avere un buon carattere. E bisogna sperare che la tua famiglia regga. Non commento il singolo caso se non con un pensiero commosso alla famiglia della vittima. Ma il messaggio che voglio dare è: occhio, ragazzi, l'odio social fa molto più male di quello che pensate. Quelli come me hanno le spalle larghe, reggono e rilanciano, ma mantengono il sorriso. C'è chi non riesce a sopportare il peso. Impariamo a essere più gentili con gli altri. A rispettare le loro storie senza avere sempre la pretesa arrogante e violenta di chi giudica senza sapere nulla della vita degli altri. Impariamo a rimanere umani».

Rimanere umani. Che è una cosa diversa dall'essere vivi, scriveva Orwell.

Ma in questa battaglia penso di non avere il diritto di pensare solo a me stesso lasciando i miei amici a combattere nel fango o peggio ancora a subire il fango.

Le prossime elezioni si terranno il 9 giugno. Per la prima volta voterà mia figlia Ester. Ammetto che la cosa mi emoziona.

Mi sono emozionato, ovviamente, anche per Francesco ed Emanuele. Sapere che i tuoi bambini sono maggiorenni significa molte cose. Significa innanzitutto che non sono bambini e soprattutto che non sono tuoi. I nostri figli poi hanno dovuto subire un'adolescenza sotto i riflettori sia ai tempi di Palazzo Chigi sia successivamente quando le note vicende giudiziarie si sono abbattute sui loro nonni. Solo la capacità e l'intelligenza di Agnese li hanno protetti, molto di più e meglio di come avrei mai potuto anche solo sognare.

E tuttavia Ester è cresciuta a pane e politica, povera lei. Il fatto che vada a votare anche lei, soprattutto lei, mi sconquassa la mente di ricordi spassosi e di pensieri sul futuro.

Fin da piccola seguiva le trasmissioni televisive politiche. E noi, anziché chiamare il Telefono Azzurro, riprendevamo le sue spassose imitazioni. Quando ha incontrato Lilli Gruber al Quirinale – durante la festa della Repubblica del 2016 – il pensiero mio e di Agnese è corso al tavolo di cucina in cui lei fingeva di fare la conduttrice politica e l'ospite di *Otto e mezzo*. E come dimenticare il modo con il quale aveva seguito le campagne elettorali, sia quelle vincenti sia quelle perse. Lo striscione per Bersani che era stato messo nel centro di Pontassieve con modalità che a suo dire violavano il regolamento delle primarie; e il bello è che aveva ragione lei, una bambina di sei anni. E quanti ricordi ancora: gli incontri con Michelle Obama o il modo di alzare un barattolo di Nutella all'Expo per protestare contro la polemica dell'allora ministra francese Ségolène Royal contro la Ferrero o le foto di lei alla scrivania di Palazzo Chigi, fatte dal mitico Tiberio Barchielli ma mai pubblicate per scelta. Per non parlare della discussione con la fotografa d'eccezione che *Vanity Fair* America aveva mandato a Rignano per un servizio sulla nostra famiglia: lei era la mitica Annie Leibovitz che obbligò Ester a non mettersi un bellissimo vestito giallo preparato per l'occasione e ripiegare su un normale abito bianco.

Insomma, tra i nostri figli Ester è sempre stata quella più coinvolta – almeno da piccola – nel dibattito politico. E pensarla adesso talmente cresciuta da recarsi al seggio mi fa venire i brividi. Nel caso di Ester però non c'è solo la consapevolezza che quando anche la tua ultima «bambina» diventa maggiorenne sei ufficialmente nel club dei «diversamente giovani». C'è la gioia profonda di vedere una giovane donna che ha sempre masticato pane e politica poter esercitare il suo diritto. E non lo dico perché allora forse avrò un voto in più alle europee: la questione non è se lei è pronta a votarmi. La questione è che io mi sento pronto a votare lei. O quelli come lei. A dare spazio a una nuova generazione.

La verità è che nel momento in cui mi recherò al seggio, più che pensare a quanti voti prenderemo, penserò ai sogni in cantiere per mia figlia e per quelli come lei. E penserò, sbigottito e felice, che anche la bambina che faceva i comizi e che dopo avermi visto competere per sindaco nel 2009, per leader della coalizione nel 2012, per segretario nel 2013 una volta mi chiese «Babbo, ma dopo Pistelli, Bersani e Cuperlo quest'anno contro chi si fanno le primarie?», ora è diventata una cittadina con tutti i diritti e tutti i doveri. Più votano quelli come Ester, più sento di avere fiducia nel nostro domani.

Indice

Finito di stampare presso Grafica Veneta S.p.A.
Via Malcanton, 2 – Trebaseleghe (PD)
Printed in Italy

Certificato PEFC
Questo prodotto è realizzato con materia prima da foreste gestite in maniera sostenibile e da fonti controllate
PEFC/18-31-226
www.pefc.it

GRAFICA VENETA
CARBON NEUTRAL

Questo libro è fabbricato da Grafica Veneta S.p.A.
con un processo di stampa e rilegatura certificato 100% carbon neutral
in accordo con PAS 2060 BSI